Bibliografische Information der Deutschen Nationalbibliothek:

Die Deutsche Nationalbibliothek verzeichnet diese Publikation in der Deutschen Nationalbibliografie; detaillierte bibliografische Daten sind im Internet über http://dnb.d-nb.de abrufbar.

Impressum:

Copyright © 2016 Studylab

Ein Imprint der GRIN Verlag, Open Publishing GmbH

Druck und Bindung: Books on Demand GmbH, Norderstedt, Germany

Coverbild: Freepik.com | Flaticon.com | GRIN

Peter Fehst

Bewältigungsstrategien für den Fachkräftemangel in der Pflege
Können wir ausreichend Nachwuchs im Pflegeberuf rekrutieren und halten?

2015

Inhaltsverzeichnis

Abkürzungsverzeichnis 6

1. Einleitung 7
2. Geschichte des Pflegenotstandes in Deutschland 9
   2.1. Geschichte des Pflegenotstandes in den USA 11
3. Ursachen des Fachkräftemangels im Gesundheitswesen 12
   3.1 Demografischer Wandel und alternde Belegschaften 12
   3.2 Nachwuchskräftemangel 15
   3.3 Image der Pflege 16
   3.4 Work-Life Balance 18
4. Bisherige Bewältigungsstrategien 20
   4.1 Externe Personalbeschaffung / Recruiting 20
      4.1.1 Stellenausschreibungen 20
      4.1.2 Headhunting / Personalvermittlung 23
      4.1.3 Zeitarbeit/ Leiharbeit 25
   4.2 Interne Personalbeschaffung 28
      4.2.1 Ältere Mitarbeiter 28
      4.2.2 Personalentwicklung 30
   4.3 Delegation von Aufgaben an Hilfspersonal 32
5. Neue Bewältigungsstrategien 35
   5.1 Imageverbesserung des Pflegberufs 35
   5.2. Akademisierung des Pflegeberufs 38
   5.3 Employer Branding 41
      5.3.1 Attraktivität des Unternehmens steigern 41
      5.3.2 Bindung des bestehenden Personals 44
6. Magnetkrankenhaus 45
   6.1 Definition „Magnetkrankenhaus" 45
   6.2 Magnet Hospitals: Attraction and Retention of Professional Nurses ... 46
   6.3 Die 14 Kräfte des Magnetismus 47

6.4	Magnetkrankenhäuser entwickeln sich weiter	49
6.5	Die neuen fünf Kräfte des Magnetismus	50
6.6	Erfolg von Magnetkrankenhäusern ist eindeutig belegt	52
6.7	Magnetstatus in Deutschland ?	53
7.	**Great Place to Work**	**54**
7.1	Geschichte	54
7.2	Was ist eine ausgezeichnete Arbeitsplatzkultur?	55
7.3	Welchen Nutzen haben Unternehmen durch eine ausgezeichnete Arbeitsplatzkultur?	57
8.	**Rückblick**	**59**
9.	**Ausblick**	**62**
Literaturverzeichnis		**63**

Abkürzungsverzeichnis

Abb.	Abbildung
BGB	Bürgerliche Gesetzbuch
BGH	Bundesgerichtshof
bzw.	beziehungsweise
d.h.	das heißt
DKI	Deutsches Krankenhaus Institut
DRG	Diagnosis Related Groups
EU	Europäische Union
etc.	et cetera
IPP	Institut für Psychologische Psychotherapieausbildung
o.g.	oben genannt
Std.	Stunden
USA	United States of America
uvm.	und vieles mehr
UWG	Gesetz gegen den unlauteren Wettbewerb
vgl.	Vergleich
VK	Vollkräfte
WifOR	Wirtschaftsforschung
z.B.	zum Beispiel

1. Einleitung

Im deutschen Gesundheitswesen herrscht ein Fachkräftemangel, welcher augenscheinlich mit den bisherigen Bewältigungsstrategien nicht behoben werden kann. Der Fach- und Führungskräftemangel ist im deutschen Gesundheitswesen bereits heute ein ernstes Problem. Nur sehr schwer lassen sich offene Arbeitsstellen im Pflegedienst neu besetzen. Die Unternehmenskultur im Gesundheitswesen benötigt dringend einen Wandel, wenn langfristig eine ausreichende Anzahl von Beschäftigten gewonnen und gebunden werden soll. Nicht nur das Gesundheitswesen ist in Deutschland von dem genannten Fach- und Führungskräftemangel betroffen, verschiedene andere Branchen ebenso, allerdings kann die Situation die aus dem Fachkräftemangel im Gesundheitswesen entsteht schnell lebensbedrohlich für den Gesundheitssektor und damit für die Versorgung von Kranken und Pflegebedürftigen werden.

Glaubt man der gemeinsamen Studie des Wirtschaftsforschungsinstituts (WifOR) und der Unternehmensberatung „PricewaterhouseCoopers", so wird sich die Personallücke im Gesundheitswesen bis 2030 auf bis zu 16000 Ärzte, sowie 786000 nichtärztliche Vollkräfte (VK) belaufen. Zudem wird sich gleichzeitig die Zahl der Sechzigjährigen und Älteren in Deutschland von 21,2 Millionen (2009) auf etwa 28,5 Millionen (2030) erhöhen. Aus diesem demografischen Wandel ergibt sich für die Krankenhäuser in den kommenden Jahren ein enormer Anstieg der Pflegebedürftigen. Man vermutet einen Anstieg von derzeit (2009) 17,9 Millionen auf 19,3 Millionen Fälle im Jahr 2030 (vgl. Lohmann und Preusker 2011).

Man kann also festhalten, dass der Bedarf an professioneller Pflege stetig steigt und die Zahl derer, die diesen Bedarf decken sollen, nimmt kontinuierlich weiter ab. Gründe dafür sind Berufsausstiege, das schlechte Image des Pflegeberufs, die demografische Entwicklung und Nachwuchsprobleme. Diese Zahlen liefern genug Fakten um zu verstehen, dass im deutschen Gesundheitswesen großer Handlungsbedarf besteht. Die Frage die ich mir dazu stelle, „Können wir ausreichend Nachwuchs im Pflegeberuf rekrutieren und in diesem Beruf halten?" Diese Frage haben sich sicherlich schon einige Unternehmen bzw. Personen gestellt, die Interesse am Gesundheitswesen haben. Zu diesem Thema werden hier in dieser wissenschaftlichen Arbeit wichtige Faktoren erläutert, bisherige, unwirksame Strategien aufgezeigt und versucht, neue, effizientere Bewältigungsstrategien darzustellen. Anfangs erläutere ich die Geschichte des Pflegenotstandes in Deutschland, da wir schon seit den 50er Jahren immer wieder mal Pflegenotstände hatten, welche mit verschiedenen Methoden kurzzeitig behoben wurden, aber langfristig keinen Erfolg erzielten. Heute im Jahre 2015 sind wir wieder an einem Punkt angelangt, wo es viel zu wenige Pflegekräfte in Bezug auf Patienten gibt. Betrachtet man dazu den demografischen Wandel, werden wir in Deutschland ein großes Problem bekommen, wenn wir es nicht schaffen genügend Nachwuchs zu rekrutieren und in diesem Beruf zu halten. Es besteht akuter Handlungsbedarf, weil die Kluft zwischen Pflegebedürftigen und vorhandenen Pflegekräften immer größer wird. (siehe Kapitel 3.1).

Im Anschluss an die Geschichte des Pflegenotstandes zeige ich die Ursachen dessen auf und gehe dazu auf folgende Themen ein; Demografischer Wandel, Nachwuchskräftemangel, Image der Pflege sowie Work-Life-Balance. Anschließend erläutere ich die bisherigen Strategien zur Bewältigung des Fachkräftemangels und stelle dar, wieso diese nur bedingt funktionieren bzw. funktioniert haben. Zudem werde ich neue Bewältigungsstrategien vorstellen, mit denen wir es schaffen können den Fach- und Führungskräftemangel im Gesundheitswesen zu bewältigen. Dabei handelt es sich um Strategien zur Imageverbesserung des Pflegeberufs, zur Steigerung der Attraktivität des Unternehmens und so zur Bildung des bestehenden Personals. In den USA gab es in den 80er Jahren ein ähnliches Problem wie heute in Deutschland, dort wurde dieses mit dem Konzept der „Magnetkrankenhäuser" erfolgreich bewältigt (siehe Kapitel 6). Magnetkrankenhäuser zeichnen sich dadurch aus, dass sie qualifizierte Pflegekräfte **mit einer hohen Berufszufriedenheit** dauerhaft binden können, weil in diesen Krankenhäusern eine qualifizierte Patientenversorgung ermöglicht wird. Dieses Konzept bringt auch in Deutschland die Möglichkeiten ausreichend Nachwuchskräfte zu rekrutieren und an diesen Beruf zu binden. Alternativ zu Magnetkrankenhäusern erläutere ich ein ebenso sehr erfolgreiches Konzept, welches teilweise schon in Deutschland etabliert wurde; „Great Place to Work".

Nachdem Sie diese Arbeit gelesen haben, sind Sie in der Lage zu erkennen, dass wir in Deutschland kurz vor einer Versorgungskatastrophe stehen und schnellstmöglich handeln müssen.

2. Geschichte des Pflegenotstandes in Deutschland

Schon lange ist der chronische Mangel an Pflegepersonal in der Altenpflege sowie in der ambulanten Pflege bekannt und sogar seit Jahren in der Politik angekommen. Über den Fachkräftemangel in den Krankenhäusern wird hingegen gesundheitspolitische weitestgehend hinweggesehen. Wenn sich aus Seiten der Politik (Ex-Gesundheitsminister Bahr 2013) jedoch mal jemand zu diesem Thema zu Wort meldet, dann nur mit veralteten Vorschlägen wie Import von ausländischen Pflegekräften. (vgl. Bahr, 2013) Dass dies aber keine langfristige Lösung ist, kann man an den vorherigen Versuchen der 50er und 70er Jahre erkennen. Der erste dokumentierte Mangel von Fachkräften in Deutschland begann bereits in den 50er Jahren. 1957 wurden durch die Deutsche Krankenhausgesellschaft

„Maßnahmen zur Entlastung der Krankenschwestern" eingeleitet und die Berufsgruppe des Pflegehelfers entstand. Zudem hatten nun eine ganze Menge Abiturienten in Deutschland Interesse am Pflegeberuf gefunden. Nach diesen Maßnahmen und einer guten Nachwuchsrekrutierung wurde in den 70er Jahren kurzzeitig sogar ein Überangebot an Pflegekräften verzeichnet. Man nahm an, dass dies der Umbruch war, weil die Pflege durch das Interesse der Abiturienten aufgewertet wurde. Dies brachte seiner Zeit die Politiker dazu den Beruf des Pflegehelfers wieder abzuschaffen, da es genügend qualifiziertes Personal gab. Das man damit einen folgenschweren pflegepolitischen Fehler machte, war noch nicht bewusst. Erst als die Gegenreaktion kam und die meisten Abiturienten die Ausbildung für einen Studienplatz im Fachbereich Medizin abbrachen, wurde bewusst, dass das Unglück bereits geschehen war. Man hatte den Beruf des staatlich anerkannten Krankenpflegehelfers bundesweit abgeschafft. Gründe dafür waren, dass man keine „Helfer" mit Hauptschulniveau benötige, es gäbe schließlich genügend qualifiziertes Personal.

Anfang der 80er Jahre bahnte sich dann die nächste Mangelsituation an. Diesmal traf es Deutschland deutlich stärker. Der Begriff „Pflegenotstand" wurde geprägt und die sogenannte Überlastungsanzeige wurde 1987 ins Leben gerufen. (vgl. Jacobs 2012;636-639)

Definition Überlastungsanzeige

Eine Überlastungsanzeige ist der schriftliche Hinweis an den Arbeitgeber oder unmittelbaren Vorgesetzten über potenzielle Schädigungen / Gefährdungen der Kunden/Patienten/Bewohner, des Unternehmens oder der Beschäftigten durch

eine vorliegende „Überlastung", z.B. durch personelle Unterbesetzung, organisatorische Mängel oder mangelhafte Arbeitsbedingungen. (Verdi BuB 2015/ vgl. Weber 2011;19/ Herwig-Lempp 2014)

Zu dieser Zeit begann im ehemaligen Jugoslawien der Bürgerkrieg, welcher Anlass für die dort lebenden Pflegekräfte war nach Deutschland zu fliehen und hier die Arbeit aufzunehmen. Auch diese Lösung währte nicht lange. Nachdem der Bürgerkrieg durch eine einseitige Willenserklärung beendet war, wurden die jugoslawischen Pflegekräfte aufgefordert das Land innerhalb von 48 Std. zu verlassen und in die befriedeten Gebiete zurückzukehren. Es waren Pflegekräfte, die über 3 Jahre in deutschen Krankenhäusern beschäftigt waren, über mittlerweile sehr gute Deutschkenntnisse verfügten und in die Arbeitsabläufe und Dienstpläne integriert waren. Viele von diesen Menschen gingen statt in ihre ehemalige Heimat, in die Schweiz und die USA um dort den auch vorhandenen Personalmangel zu lindern. Zu dieser Zeit wurde das einzige Buch (vgl. Schmiedbauer 1992) veröffentlicht, welches versuchte dem Phänomen Pflegenotstand näher zu kommen. In diesem Buch gefordert wurden drei grundsätzliche Bedingungen, die erfüllt werden müssten um zu einer Lösung des immer wiederkehrenden Problems des Personalmangels in der Pflege zu kommen. Es sind folgende drei Bedingungen, die von Schmiedbauer 1992 genannt wurden um zur Lösung des Problems beizutragen.

1. Anhebung des Sozialprestiges pflegerischer Berufe in unserer Gesellschaft
2. Etablierung eines positiv formulierten Berufsbildes für pflegerische Berufe
3. Verbesserung der Arbeitsbedingungen für Pflegepersonal in den Krankenhäusern, Altenheimen und der ambulanten Pflege

Von diesen drei Bedingungen ist bis heute nicht eine einzige realisiert. (Jacobs 2012;636-639)

Heute im 21. Jahrhundert sind wir an einem Punkt angelangt, wo die Wirtschaft einen starken Strukturwandel macht. Gekennzeichnet ist der Gesundheits- und Pflegesektor des 21. Jahrhunderts durch eine überalterte Gesellschaft, einen steigenden Leistungs- und Wettbewerbsdruck, Kostendämpfungsgesetze und zudem steigenden Pflegebedarf. Mit den bisherigen Versorgungsstrukturen werden wir den Herausforderungen (demographischer Wandel, Nachwuchskräftemangel und dem schlechten Image der Pflege) nicht mehr gerecht. Erkennen kann man, dass wir in Deutschland ein großes Problem bekommen werden wenn wir es nicht schaffen genügend Nachwuchs zu rekrutieren und in diesem Beruf zu halten.

2.1. Geschichte des Pflegenotstandes in den USA

Auch in den USA gab es in den 1980er Jahren einen Pflegenotstand. Es war die Zeit nach der Einführung der DRG (Diagnosis Related Groups) und der fortschreitenden Ökonomisierung des Gesundheitssektors. In dieser Zeit verließ eine Vielzahl von qualifizierten Pflegekräften ihren Beruf, da diese nur mit einer Schar von Hilfskräften Patienten in hochakuten Situationen versorgen sollten. (vgl. Smerdka-Arhelger 2008) Der Verlust dieser qualifizierten Pflegefachkräfte wurde durch weitere Hilfskräfte versucht zu kompensieren. Es herrschte ein Pflegenotstand. In den 1990er Jahren, hatte sich das Gesundheitswesen noch nicht von dem Pflegenotstand erholt, da wurde mit „Managed Care" eine neue Entwicklung ins Leben gerufen.

„Bei betriebswirtschaftlich rechnenden Managern eines Managed Care-Systems besteht die Tendenz, die Kapazität möglichst knapp zu bemessen, um eine hohe Auslastung zu erreichen. Dies bewirkt eine Kosteneinsparung, aber auch einen Verzicht auf Reservekapazität, was sich in oft langen Wartezeiten äußert. Da die Patienten während dieser Wartezeiten oft eingeschränkt oder nicht arbeitsfähig sind und da Spätfolgen einer zu späten Behandlung nicht ausgeschlossen sind, können solche Einsparungen im Gesundheitswesen zu schwer kalkulierbaren gesellschaftlichen Mehrkosten führen" (Blessing 2006). Für die Pflegenden bedeutete dies in der Praxis dauerhaft eine hohe Belegungsrate mit Patienten in hochakuten Situationen, die daher auch sehr überwachungsintensiv und pflegeaufwändig waren. Häufig kam es zu erhöhten Komplikationsraten und unzureichend gedecktem Hilfebedarf gegenüber den Patienten. Erneut verließen einige Pflegekräfte den Beruf, weil sie mit der Tatsache nicht zurechtkamen am Ende einer Schicht nicht alle Patienten ordnungsgemäß versorgt zu haben. (Smerdka-Arhelger, 2008) Bis auf wenige Krankenhäuser hatten damals alle Einrichtungen in den USA mit dem Fachkräftemangel zu kämpfen, die wenigen Ausnahmen wurden dahingehend untersucht und man entdeckte die „Magnetkrankenhäuser" (siehe Kapitel 6)

3. Ursachen des Fachkräftemangels im Gesundheitswesen

In diesem Kapitel geht es um die Ursachen des Fachkräftemangels im Gesundheitswesen, speziell im Pflegeberuf. Es werden Themen wie demografischer Wandel, Nachwuchskräftemangel, Image der Pflege sowie die Work-Life-Balance erläutert. Diese vier Themen sind die Hauptursache für den in Deutschland herrschenden Fachkräftemangel im Gesundheitswesen.

3.1 Demografischer Wandel und alternde Belegschaften

In Deutschland als auch in vielen anderen Industrieländern zeichnen sich seit den 1970er Jahren einige Veränderungen der Bevölkerung ab, welche als demografischer Wandel bezeichnet werden.

„Demografie" bedeutet "Beschreibung der Bevölkerung". Die Demografie beschreibt die Größe, Zusammensetzung und Strukturen der Bevölkerung und zeigt deren Entwicklungen auf. Kern des demografischen Wandels ist die konstant niedrige Geburtenrate bei gleichzeitig erhöhter Lebenserwartung.

Man spricht von drei grundlegenden Entwicklungen, die die Bevölkerung in den kommenden Jahren stark verändern werden. (BMBF Bürgerdialog Demografischer Wandel 862)

- Eine vergleichsweise niedrige Geburtenrate gegenüber den Sterbefällen sorgt dafür, dass die Bevölkerungsdichte in Deutschland sinkt. Wo in den 1970er Jahren noch knapp 1.050.000 Geburten gegenüber 975.000 Sterbefällen standen, sind es im Jahr 2012 schon nur noch 670.000 Geburten gegenüber 870.000 Sterbefälle. (vgl. Abb. 1) Die Entwicklung der Bevölkerung in Deutschland ist weitgehend vorgezeichnet. Schätzungen zu folge werden im Jahr 2030 nur noch 77,4 Millionen Einwohner in Deutschland leben. Dies wären etwa 5 Millionen Personen weniger als im Jahr 2008. Am deutlichsten wird der Rückgang jedoch in der Gruppe der unter 20 jährigen zu spüren sein, womit wir auch schon beim nächsten Punkt wären. (Statistische Ämter des Bundes und der Länder Demografischer Wandel in D. Heft 1,2011; 24) (Abb. 1)
- Die Lebenserwartung der menschlichen Bevölkerung steigt kontinuierlich, was dafür sorgt, dass wir immer älter werden. Aktuell sind 20 % der Bevölkerung über 65 Jahre, Schätzungen zu folge werden diese bis 2060 auf 34 % ansteigen. (BMBF Bürgerdialog Demografischer Wandel 862) (vgl. Abb. 2) Für die heute 65-Jährigen liegt die Lebenserwartung bei 85,1 Jah-

ren für Frauen und bei 81,9 Jahren für Männer. (Roßnagel; 2008 ;3). Das Durchschnittsalter der Bevölkerung in Deutschland lag laut Zahlen des Statistischen Bundesamts 2005 bei 42,3 Jahren und nimmt pro Jahr um ein Vierteljahr zu (Roßnagel,2008 ; 3) Die Zahlen aus dem Jahre 2014 zeigen einen Altersdurchschnitt der deutschen Bevölkerung von 46,1 Jahren. Damit gehören wir mit Japan (ebenfalls 46,1 Jahren) zu der ältesten Bevölkerung der wichtigsten Industrieländer. (vgl. Abb. 2) Im Jahr 2030 werden voraussichtlich nur noch 12,9 Millionen Personen (17% der Gesamtbevölkerung) im Alter zwischen 0-20 Jahren in Deutschland leben, die Zahl der Erwerbstätigen (25-65 Jährige) wird etwa um 15% sinken und die Altersgruppe der 65Jährigen und aufwärts hingegen wird um etwa 33 % ansteigen und somit von knapp 16,7 Millionen (2008) auf rund 22,3 Millionen (2030) ansteigen. (Statistische Ämter des Bundes und der Länder Demografischer Wandel in D. Heft 1,2011; 24)

- Außerdem verändert sich unsere Bevölkerung durch die Zuwanderung aus anderen Ländern hinsichtlich der Vielfältigkeit. Laut den statistischen Ämtern des Bundes und der Länder wird die Zuwanderungsquote bis 2030 starken Schwankungen unterliegen, jedoch geht man davon aus, dass es jährlich ca. 100.000 Zuwanderungen netto sein werden. Doch trotz dieser großen Zahl wird die Gesamtbevölkerung in Deutschland sinken (vgl. Abb.3)

Zu dieser allgemeinen Bevölkerungsentwicklung, verändern sich außerdem wichtige Kenngrößen auf dem Arbeitsmarkt. Das durchschnittliche Renteneintrittsalter steigt seit den 1990er Jahren kontinuierlich an und liegt mittlerweile bei 61,6 Jahren / 61,7 Jahren (Stand 2008/2014). Zugleich nehmen die Beschäftigungsquoten der 55 64-Jährigen in der gesamten EU zu, in Deutschland stieg die Quote von etwa 19 % (1995) um fast 30 % auf 48,6 % (2006). (Roßnagel, 2008;4)

Dies ist der erste Schritt in die Richtung der „ demografischen Zange". Von der demografischen Zange spricht man, wenn der Anteil der Beschäftigten über 50 Jahren auf über 35 % steigt, während die unter 30-Jährigen nur noch weniger als 20 % der Belegschaft ausmachen. (Buck und Schletz, 2002; 9) (Abb.7) Durch die sinkende Geburtenrate und dem damit fehlenden Nachwuchs wird das Problem des Nachwuchskräftemangels im Gesundheitswesen stark untermauert.

Zum einen werden es immer mehr ältere Mensch, welche krank und pflegebedürftig werden, zum Anderen gibt es immer weniger Nachwuchs in Deutschland, der als potentielle Nachwuchskräfte in der Pflege ausgebildet werden können. (Fehst und Siery, 2015)

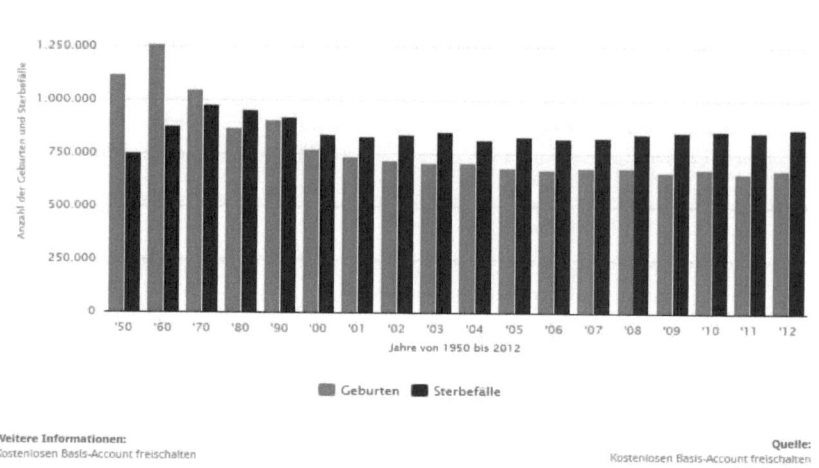

Abbildung 1: Anzahl der Geburten und der Sterbefälle in Deutschland in den Jahren von 1950 bis 2012 (Quelle: http://de.statista.com/statistik/daten/studie/161831/umfrage/gegenueberstellung-von-geburten-und-todesfaellen-in-deutschland/)

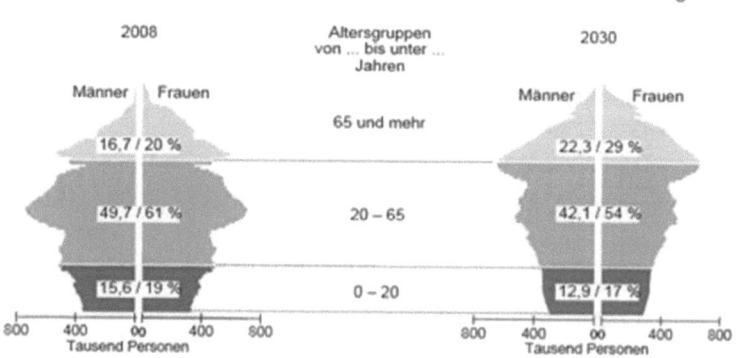

Abbildung 2: Altersaufbau der Bevölkerung in Deutschland (Quelle: https://www.destatis.de/DE/Publikationen/Thematisch/Bevoelkerung/VorausberechnungBevoelkerung/BevoelkerungsHaushaltsentwicklung5871101119004.pdf?blob=publicationFile)

Tabelle 1 Bevölkerung Deutschlands[1]
in Millionen

2008	2015	2020	2025	2030
82,0	80,8	79,9	78,8	77,4

1 Ab 2015 Ergebnisse der 12. koordinierten Bevölkerungsvorausberechnung (Variante Untergrenze der „mittleren" Bevölkerung).

Abbildung 3: Tabelle Bevölkerung Deutschlands (Quelle: https://www.destatis.de/DE/ Publikationen/Thematisch/Bevoelkerung/VorausberechnungBevoelkerung/Bevoelkerungs Haushaltsentwicklung5871101119004.pdf?__blob=publicationFile)

3.2 Nachwuchskräftemangel

Aufgrund des zuvor erläuterten demografischen Wandels und dem damit einhergehenden Geburtenrückgang, den schlechten Arbeitsbedingungen in vielen Unternehmen des Gesundheitswesens und dem „grauenhaften" Image in diesem Beruf, werden zukünftig immer mehr potentielle Bewerber für Pflegeberufe ausbleiben. (Simon 2011; 246). Zu dem ohnehin schon bestehenden Mangel von potenziellen Nachwuchskräften kommt außerdem noch die Konkurrenz durch andere „attraktivere" Ausbildungsberufe. (Simon, 2012;39) Zu erkennen ist, dass die Anzahl von eingehenden Bewerbungen auf offene Ausbildungsstellen im Pflegeberuf deutlich zurückgegangen ist. Das Resultat dieses Rückgangs wird ziemlich deutlich, wenn man sich den Anstieg der Zahlen von nicht besetzten Ausbildungsplätzen im Pflegeberuf ansieht. Die Anzahl der nicht besetzten Stellen ist von 3,9 (1999) über 4,8 (2009) bis auf 5,6 (2011) Vollkraftstellen pro Krankenhaus angestiegen. (dip, 2002; 26 / Krankenhaus Barometer, 2011;7-8)

Ein wichtiger Aspekt bei der Analyse zur Entstehung des Nachwuchsmangels ist, zu beachten zu welchem Zeitpunkt die Berufsauswahl von jungen Menschen/ Schülern getroffen wird. Nimmt man Bezug auf die Studie „Imagekampagne für Pflegeberufe auf der Grundlage empirisch gesicherter Daten" der Universität Bremen von 2009, so wird zum Ende der Schulzeit die Auswahl eines Berufes Hilfe mit der Beratung und Begleitung von Eltern, Lehrern, Freunden und Berufsberatern getroffen. (vgl. Universität Bremen 2010; 5, 28, 34). Bei dieser Auswahl gehört der Pflegeberuf aufgrund seines Images und der Attraktivität eher zu den „Out-Berufen" (vgl. Universität Bremen, 2010; 18). Vor allem der Beruf der Altenpflege wird neben Berufen aus dem Bereich „Müll und Reinigung" und dem Bereich „Verwaltungsberufe" zu den „Out-Berufen" gezählt. Der Vergleich zwischen den befragten Eltern und deren Kindern dieser Studie zeigt, dass Eltern den Beruf des Alten/Krankenpflegers häufiger als ungeeigneter einschätzen als die Schüler selbst. (vgl. Universität Bremen, 2010; 20) Grundsätzlich kann man erkennen, dass Berufe, in denen man sich „schmutzig" macht (mit Dreck und Blut) auf mehr Ablehnung stoßen als andere Berufe. (Universität Bremen, 2010: 19). Der Beruf der Krankenpflege wird in diesem Zusammenhang häufig mit dem Beruf des Fleischers und mit Tätigkeiten im Lagerbereich verglichen, da diese Berufe oftmals mit einer ähnlich schweren körperlichen Belastung einhergehen (vgl. Universität Bremen, 2010; 19). Außerdem geht aus dieser genannten Studie hervor, dass die Eltern einen enorm hohen Einfluss auf die Schüler bei der Berufswahl haben. Etwa 71,5% der Schüler würden Vorschläge der Eltern und etwa 36,1% Vorschläge der Lehrer zur Berufswahl annehmen. Lediglich für 14,2 % der Schüler ist die Meinung der Eltern und für 27,6% der Vorschlag des Lehrers nicht relevant (Universität Bremen, 2010; 34) Somit fällt bezüglich des Nachwuchsmangels sehr stark ins Gewicht, dass nur 4,4 % der Eltern ihren Kindern eine Ausbildung zum Gesundheits- und Krankenpfleger sowie nur 1,5 % eine Ausbildung als Altenpfleger empfehlen würden. (vgl. Universität Bremen, 2010; 33). Damit ist dieser Faktor als eine große Ursache des Nachwuchsmangels zu sehen. Um Veränderungen herbei zu führen und junge Menschen zu animieren einen Pflegeberuf zu erlernen, muss der Ansatz zur Beratung bei den Eltern, den Lehrkräften in öffentlichen Schulen, den Abschlussklassen sowie den Berufsberatern der Arbeitsagenturen beginnen. Der Pflegeberuf wird von diesen Personen scheinbar stark mit negativen Aspekten assoziiert und auch so an die potentiellen Bewerber weitergegeben. (vgl. Universität Bremen, 2010)

3.3 Image der Pflege

In der Gesellschaft erhält der Pflegeberuf wie in Punkt 3.2 schon erwähnt kein sonderlich gutes Ansehen. Der Pflegeberuf wird häufig mit dem Beruf des Fleischers und mit Tätigkeiten im Lagerbereich verglichen, da diese Berufe oftmals mit einer ähnlich schweren körperlichen Belastung einhergehen (vgl. Universität Bremen, 2010; 19) Obwohl der Fachkräftemangel kein Phänomen ist, welches nur den Gesundheitssektor betrifft und dieser damit in Konkurrenz zu anderen Branchen steht, wird der Pflegeberuf unseren potentiellen Nachwuchskräften durch das Bild von Überforderung, schlechte Bezahlung, wenig Eigenverantwortung und kaum erkennbare Karrierechancen nicht besonders attraktiv gemacht. (vgl. Boucsein 2012; 634)

Das gesellschaftliche Image wird von zwei Faktoren genährt. Interne Faktoren, womit die Pflegenden gemeint sind und die restliche Gesellschaft, die externe Faktoren. Laut einer Meinungsumfrage des DBfK aus dem Jahr 2008-2009 geht hervor, dass 71,1 % der Pflegekräfte ihr Image selbst als schlecht bis sehr schlecht einschätzt. (vgl. Abb. 4) (DBfK 2009)

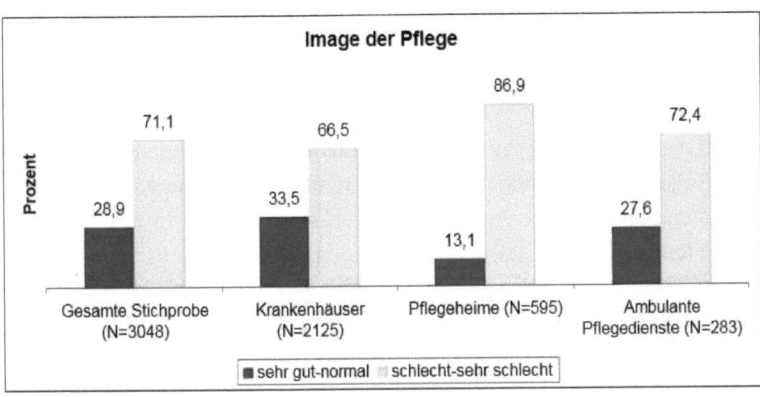

Abbildung 4: Image der Pflege (Quelle: DBfK 2009)

Eine Studie der Fachhochschule Münster 2011 (n=618 Pflegekräfte) kommt zu dem Ergebnis, dass etwa 65% der Pflegekräfte mit ihrer grundsätzlichen Entscheidung Pflegekraft zu sein, zufrieden sind. Jedoch würden nur etwa 40% diesen Beruf weiterempfehlen. Gründe dafür sind Faktoren wie schlechte Work-Life-Balance, hohe psychische und physische Belastung, Unzufriedenheit mit den Arbeitszeiten, sowie geringe Karrierechancen. (vgl. Buxel, 2011; 5-9)

Wenn ein Beruf, durch Berufszugehörige so schlecht vermarktet wird, ist anzunehmen, dass sich das Bild nach außen nicht verbessern kann. Doch genau diese Verbesserung des Berufsbildes ist ein ausschlaggebender Faktor für die Zukunft unseres Gesundheitswesens. Um langfristig den Bedarfs an qualifizierten Pflegekräften zu sichern, ist es aufgrund des demografischen Wandels erforderlich, den Pflegeberuf zu einem attraktiven Berufsfeld für die junge Generation zu machen und dadurch den Gesundheitssektor den anderen Branchen gegenüber konkurrenzfähig zu machen. (Hasselhorn, 2008)

Von der Gesellschaft wird die Pflegearbeit durchaus als wichtig, als Akt der Nächstenliebe, empfunden. Eltern raten ihren eigenen Kindern aber eher davon ab, in einen Pflegeberuf zu gehen. Genannte Gründe dafür sind, dass der Beruf schwer, aufopferungsvoll und irgendwie auch mit Ekel verbunden ist. Viele sind sich zwar bewusst, dass Pflege als sicherer Beruf gilt, allerdings mit wenig Aufstiegs- und Verdienstchancen einhergeht. Zudem wird das Bild der Pflegenden in den Medien nicht sonderlich vorteilhaft dargestellt. Durch Berichte über Patiententötung entsteht der Eindruck es verbergen sich potentielle Mörder in den helfenden Berufen. Darüber hinaus werden Pflegekräfte in den meisten Krankenhausserien im Fernseher entweder als stumme Diener der Ärzte oder als sexuelle Beute dargestellt. (Hasselhorn, 2008)

Zusammenfassend kann man sagen, dass das Image der Pflege ziemlich zerrüttet ist. In den Augen der Gesellschaft ist es ein Beruf, in dem man für wenig Geld schwer arbeiten muss, wenige Aufstiegsmöglichkeiten hat und zu ziemlich unattraktiven Zeiten arbeitet. Wenn dies das allgemeine Bild des Pflegeberufs ist, stellt man sich die Frage „ Wieso sollten sich junge Leute für einen Pflegeberuf entscheiden?

3.4 Work-Life Balance

Der Begriff „Work-Life-Balance" ist ein Kunstwort , für das es in der Literatur keine eindeutige Definition gibt. Der Begriff stammt aus dem Englischen und bedeutet übersetzt so viel wie „das Gleichgewicht zwischen Arbeit und Leben". Gemeint ist damit die Beziehung, wie der Beruf und das Privatleben (Familie, Freunde, soziales und kulturelles Engagement uvm.) zueinander stehen. (Moser, 2007; 246)

Michalk und Nieder haben es in Ihrer „Philosophie des Work-Life-Balance Gedankens" ziemlich genau auf den Punkt gebracht, dass Work-Life Balance viel mehr bedeutet als nur der Zeitkonflikt zwischen Beruf und Privatleben.

Philosophie des Work-Life-Balance Gedankens

Work-Life-Balance heißt, den Menschen ganzheitlich zu betrachten (als Rollen- und Funktionsträger) im beruflichen und privaten Bereich (der Lebens- und Arbeitswelt) und ihm dadurch die Möglichkeit zu geben, lebensphasenspezifisch und individuell für beide Bereiche die anfallenden Verpflichtungen und Interessen erfüllen zu können, um so dauerhaft gesund, leistungsfähig und ausgeglichen zu sein. (Michalk und Nieder, 2007;22)

Man beachte dabei, dass für das Zusammenspiel von Beruf und Privatleben bei jeder Person individuelle Faktoren von Bedeutung sind um ausbalanciert zu sein. So kann sich bei Person A die optimale Balance deutlich vom Optimum der Person B unterscheiden. (Collatz und Gudat, 2011;4)

Aufgrund der Schicht- und Wochenendarbeit ist es gerade im Pflegeberuf schwierig eine gute Work-Life-Balance zu erzielen. Um solchen Anforderungen gerecht zu werden und die Attraktivität des Pflegberufs zu steigern, bedarf es fähige Leitungskräfte, die kreative und effektive Arbeitsmodelle entwickeln, um ihren Mitarbeitern die Möglichkeit zu geben ein ausgewogenes Verhältnis zwischen Beruf und Privatleben herzustellen.

4. Bisherige Bewältigungsstrategien

Nachstehend werden einige Strategien aufgezeigt, die bisher als Bewältigungsstrategien gegen den Fachkräftemangel im Gesundheitswesen, speziell aber in der Pflege gelten. Schnell erkennbar ist allerdings, dass viele dieser Strategien zwar gute Ansätze zeigen, in der Umsetzung aber deutliche Mängel aufweisen.

4.1 Externe Personalbeschaffung / Recruiting

Die Personalbeschaffung hat zunächst die Aufgabe, dafür Sorge zu tragen, dass zur richtigen Zeit, am richtigen Ort, die richtige Anzahl Mitarbeitender mit den richtigen Qualifikationen zur Verfügung stehen. (Osthoff, 2013) Die Beschaffung von externem Personal gehört in der heutigen Zeit zum Alltag. Aufgrund des geringen Interesses an einer Ausbildung in der Pflege (vgl. dip, 2002; 26 / Krankenhaus Barometer, 2011;7-8) und dem steigenden Pflegeaufwand ist es für Unternehmen fast unmöglich seinen Personalbedarf über die eigenen Krankenpflegeschüler zu decken. Daher sind Maßnahmen nötig, die das Ziel verfolgen den eigenen Personalbedarf zu decken. Dabei stolpert man immer wieder über den Begriff „Recruiting". Der Begriff Recruiting kommt ursprünglich vom Militär, wo man von der Rekrutierung neuer Soldaten für die Truppen sprach. Wenn man heute von Recruiting spricht, meint man alle Prozesse, die der Personalbeschaffung dienen. (Gründerszene, 2015) Die externe Personalbeschaffung bringt insofern Vorteile mit sich, als das das Unternehmen in der Regel eine größere Auswahl an geeigneten Personen hat und möglicherweise neue Impulse/ Arbeitsweisen durch besser qualifizierte Personen erhält. Dies geht aber häufig mit höheren Einarbeitungszeiten und –kosten einher. Zudem könnte die Motivation bei vorhandenem Personal sinken, weil sie keine Aufstiegschancen sehen. (vgl. Osthoff, 2013)

4.1.1 Stellenausschreibungen

Eine Stellenausschreibung ist ein Instrument zur Personalbeschaffung, dessen Ziel es ist eine höchstmögliche Übereinstimmung der Anforderungen des Arbeitsplatzes und des potentiellen Stelleninhabers zu erreichen. (vgl. Hölze, 2006; 44) Die Stellenausschreibung ist die bisher häufigste Art der Personalbeschaffung. Eine Umfrage hat ergeben, dass die Top 1000 Unternehmen in Deutschland mit 90,4 Prozent den größten Teil ihrer offenen Stellen auf der eigenen Unternehmens-Webseite veröffentlichen. (vgl. Abb. 5) Rund 70 Prozent der Vakanzen werden in Internet-Stellenbörsen ausgeschrieben. Damit sind diese beiden Arten die mit Abstand die meist Benutzen für die Veröffentlichung von Stellenanzeigen. Gefolgt werden diese auf Rang drei von der Bundesagentur für Arbeit mit knapp 30 Prozent und dem Social Media Bereich mit 28,1 Prozent. Von Printmedien wird heute mit etwa 11,9 Prozent fast gänzlich abgesehen.

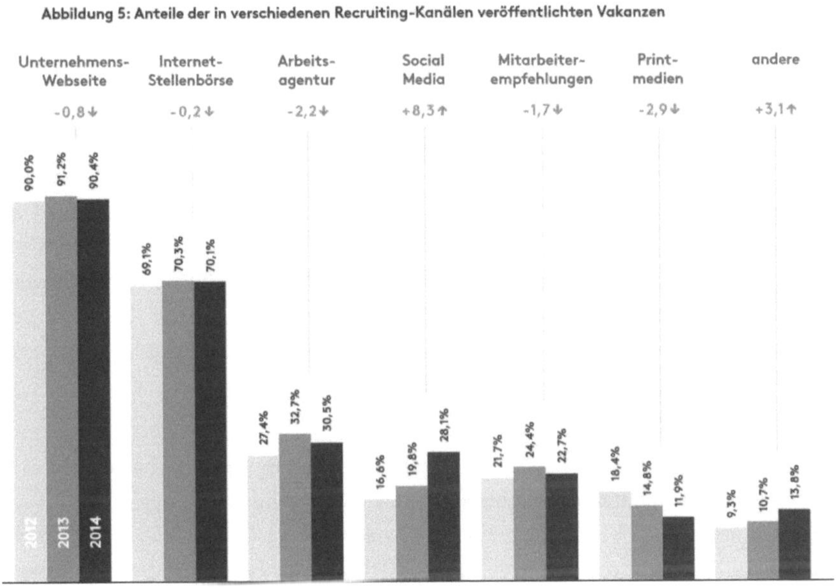

Abbildung 5: Anteile der in verschiedenen Recruiting-Kanälen veröffentlichten Vakanzen (Quelle: https://www.uni-bamberg.de/fileadmin/uni/fakultaeten/wiai_lehrstuehle/isdl/Recruiting_Trends_2015.pdf)

Eine Stellenausschreibung soll in der Regel besonders geeignete Mitarbeiter ansprechen. Es ist daher sehr wichtig, dass eine Stellenausschreibung so detailliert und ehrlich wie möglich gestaltet wird. Soll nun eine Arbeitsstelle neu besetzt werden, so kann aufgrund gesetzlicher Rahmenbedingungen und tariflichen Regelungen zunächst eine interne Stellenausschreibung vorgeschrieben sein. Diese kann in Form eines Aushangs oder einer Annonce im Intranet eines Unternehmens erfolgen. Findet sich auf diesem Wege kein geeigneter Bewerber, kann die Stelle extern ausgeschrieben werden. Dabei werden mehr oder weniger exakt und aussagekräftig Positionen beschrieben, die zu einem vorgegebenen Zeitpunkt besetzt werden sollen. (Osthoff, 2013; 22)

In eine gute Stellenausschreibung gehört zunächst einmal keine kurze Vorstellung des Unternehmens. Es sollten der Name, die Branche, die Größe des Unternehmens (Anzahl der Beschäftigen), Produkte die Hergestellt werden, Standorte und evtl. das Firmenlogo genannt werden.

Außerdem sollten Aussagen über die zu besetzende Stelle getroffen werden. Die Position sollte genannt werden, eine kurze Beschreibung und evtl. Entwicklungschancen für den Bewerber. Zudem sollten in der Stellenanzeige präzise Angaben zu „Wir suchen" gemacht werden. Es muss erkenntlich sein welche Berufsbezeichnung der Bewerber tragen sollte, welche Ausbildung erwünscht ist und ob der Bewerber Berufserfahrung oder sonstige Zusatzqualifikationen mitbringen muss. Hinzu kommen Leistungen des Unternehmens, was bietet das Unternehmen, wieso soll man sich dort bewerben. Dazu gehören gehaltliche Einstufung, Soziallistungen, Arbeitszeit und sonstige anregende Zusatzleistungen. Am Ende einer Stellenanzeige sollte der potenzielle Bewerber über die gewünschte Form der Bewerbung (Online Portal, Email oder Postweg), Adresse und Ansprechpartner, sowie Bewerbungsschluss informiert werden. (vgl. Horsch, 2008 / Osthoff, 2013)

Das Konzept einer Stellenanzeige ist zur Rekrutierung neuer Mitarbeiter unter den bisherigen Maßnahmen sicherlich das wirkungsvollste um geeignete Personen zu finden. Das Wissen, wie eine Stellenanzeige gestaltet wird ist den Unternehmen größtenteils auch bekannt, Fehler der häufig passiert, ist dass die ausgeschriebenen Arbeitsstellen „verschönt" werden. Die Arbeitsstellen werden den Bewerbern schmackhaft/ attraktiv gemacht, damit sie im Unternehmen die Arbeit antreten. Aus einer Umfrage der europäischen Jobbörse StepStone unter 8600 Jobsuchenden in acht Ländern Europas geht hervor, dass die Hälfte der Teilnehmer derart attraktiv angepriesenen Jobs regelmäßig als herbe Enttäuschung erleben. 35 Prozent haben schon mindestens einmal eine solche negative Erfahrung gemacht und nur bei 15 Prozent hält der Job regelmäßig, was Stellenanzeige und Bewerbungsgespräch versprechen. (vgl. Böcker, 2005) Geht man im Zeitalter des Fach- und Führungskräftemangels so mit potentiellen Mitarbeitern um? Aus eigener Erfahrung kann ich sagen, dass sich meist schon in den ersten Wochen zeigt, dass die Arbeit doch nicht wie versprochen ist und es die angepriesenen Ausstiegschancen auch nicht gibt. Aus solchen Situationen resultiert eine hohe Fluktuation im Unternehmen, eine starke Mitarbeiterunzufriedenheit und das Image verschlechtert sich enorm. Kann man mit so einem Resultat den Fachkräftemangel im eigenen Unternehmen stoppen?

Jedem sollte klar sein, dass Unternehmen die Stellenanzeige nutzen um Werbung für sich und die Stelle zu machen. Niemand würde schrieben, dass es ganz viele langweilige Standardaufgaben gibt, die der Stelleninhaber abarbeiten muss. Dann würde man wahrscheinlich keine Zuschriften bekommen. Allerdings wissen Bewerber genauso gut, dass eine Stelle nie nur "superspannende Projekte" mit sich bringt. Trägt ein Unternehmen also bei einer Stellenanzeige zu sehr auf, kann dies gerade auf geeignete Kandidaten abschreckend wirken. Geraten wird den Unternehmen, „ein ausgewogenes Bild" der Stelle darzustellen. (vgl. Böcker, 2005)

Diese Methode kann kurzfristig vielleicht zur Überbrückung einer Periode mit Personalengpass helfen, jedoch ist dies sicher keine Möglichkeit den Fachkräftemangel in der Pflege zu bewältigen. Denn das Grundproblem wird mit dieser Methode nicht behoben und wirkt sich somit vor allem negativ auf die Fluktuation und das Image des Unternehmens aus.

4.1.2 Headhunting / Personalvermittlung

Headhunting ist ein Begriff, der aus dem englischen Wort „Headhunter", zu Deutsch „Kopfjäger" entspringt. Im Duden wird der Begriff Headhunting als Vermittlung von Führungskräften beschrieben. Es wird jedoch auf darauf hingedeutet, dass es ein Synonym für den Begriff „abwerben" ist. (Duden) Der Headhunter ist also jemand, der Personen, vor allem Top-Manager, Führungskräfte und heute auch immer mehr Pflegekräfte abwirbt.

> „Die Rechtsprechung versteht unter Abwerbung, dass jemand ernstlich, mittelbar oder unmittelbar, achthaltig auf einen arbeitsvertraglich gebundenen Arbeitnehmer einwirkt mit dem Ziel, ihn zu veranlassen, ein neues Arbeitsverhältnis mit dem Abwerbenden oder einem Dritten einzugehen." (Zitat: Schmid E./ Fink M.,2012)

In der Zeit des Fach- und Führungskräftemangels in Deutschland, lässt sich der Personalbedarf in der Regel nicht durch gewöhnliche Methoden wie zum Beispiel Stellenanzeigen decken. Eine weitere moderne Methode neues Personal zu rekrutieren ist die Beauftragung einer Personalvermittlungsagentur oder eines Headhunters.

Aus personalwirtschaftlicher Sichtweise ist Headhunting ein Instrument der Personalbeschaffung, bei der ein Unternehmen bei der Suche und Auswahl von Führungskräften durch einen Personalberater/-vermittler unterstützt wird.

Bei dieser Unterstützung gehen die Personalberater heute über Methoden wie Arbeitsanalyse, Werbung, Bewerberauswahl, Auskunftseinholung und Beratung des Auftraggebers hinaus und sprechen aktiv potentielle Kandidaten in bestehenden Arbeitsverhältnissen an und versuchen diese abzuwerben (Lexikon, Headhunting 2015)

Headhunter die sich in der Branche auskennen, bringen Angebot und Nachfrage zusammen. Sie suchen für die Unternehmen geeignete neue Mitarbeiter oder im Auftrag von Fachkräften potenzielle Arbeitgeber.

Die Frage die man sich nun stellen könnte, ist dieses gezielte Abwerben legal und kann ich damit als Unternehmen den bestehenden Fachkräftemangel wirklich beheben?

Grundsätzlich kann man sagen, Headhunting ist zulässig. Der Bundesgerichtshof (BGH) hat in drei Entscheidungen zur Direktansprache am Arbeitsplatz das Abwerben von Arbeitnehmern fremder Unternehmen als Teil des freien Wettbewerbs in engen Grenzen als zulässig angesehen. (vgl. Bundesgerichtshof I ZR 221/01, I ZR 73/02 und I ZR 183/04).

Aus den Entscheidungen wird ersichtlich, dass es beim Abwerben allerdings gewisse Grenzen gibt.

Wenn der Personalberater die Fachkraft lediglich nach ihrem Interesse an einer neuen Stelle befragt, die Stelle kurz beschreibt und bei Bedarf eine Kontaktmöglichkeit außerhalb des Unternehmens bespricht, ist selbst ein telefonischer Kontakt, mit betrieblichen Kommunikationsmitteln nicht wettbewerbswidrig und damit zulässig. Es macht dabei keinen Unterschied, ob das Unternehmen selbst unmittelbar oder eine von ihm beauftragter Person (Personalvermittler oder eigener Mitarbeiter) mittelbar abwirbt. Das Handeln des Headhunters als beauftragtem Dritten ist über die Regeln der Stellvertretung dem abwerbenden Arbeitgeber zuzurechnen (BGB § 164).

Wettbewerbswidrig werden Abwerbungsmaßnahmen erst bei besonderen Begleitumständen, wenn zum Beispiel die Abwägung der berücksichtigungsfähigen Interessen der beteiligten Personen einen verwerflichen Zweck ergibt. Diese Grenzen sind in der Regel überschritten, wenn die Abwerbung der Fachkraft überwiegend bezweckt, die Leistungsfähigkeit des Mitbewerbers zu schwächen, von seinen Geschäfts- oder Betriebsgeheimnissen Kenntnis zu erlangen oder ihm Kunden abzuwerben. (vgl. UWG § 3 und § 4)

Zudem kann das Abwerben von Fachkräften auch unzulässig sein, wenn die eingesetzten Mittel und Methoden sitten- oder wettbewerbswidrig sind. Dies ist der Fall, wenn es sich um folgende Punkte handelt.

- verwerfliche Willensbeeinflussung, zum Beispiel durch täuschende oder irreführende Angaben über den neuen Arbeitgeber
- abwertende Äußerungen über den bisherigen Arbeitgeber
- Verleitung zum Vertragsbruch, z. B. durch Nichteinhaltung der Kündigungsfrist oder Schlechtleistung beim bisherigen Arbeitgeber
- Verleitung zu einer Doppelbeschäftigung beim alten und neuen Arbeitgeber
- übertriebenes Anlocken mit Prämien oder Rabatten. (Schmid E./ Fink M., 2012)

Dass man so den bestehenden Fachkräftemangel bewältigen kann, würde ich nicht unterschreiben. Headhunting ist sicherlich eine gute, wenn auch nicht die feinste Art an neue Mitarbeiter zu kommen. Doch dies ist nicht die Kunst, die Kunst ist es die neuen und bestehenden Mitarbeiter als „zufriedene Mitarbeiter" zu halten. Als Unternehmen muss man versuchen die Mitarbeiter zu binden, sie sollen gerne Arbeiten kommen und mit ihrer beruflichen Situation zufrieden sein. Wenn man dies erreichen kann, dann wird sich der Fachkräftemangel im eigenen Unternehmen leicht bewältigen lassen. Methoden wie man nachweislich solche Arbeitsbedingungen schaffen kann, werden in Kapitel 6 und Kapitel 7 vorgestellt und erläutert.

4.1.3 Zeitarbeit/ Leiharbeit

Die Zeitarbeit oder auch Leiharbeit ist eine Art der Arbeitnehmerüberlassung. Bei der Arbeitnehmerüberlassung werden Arbeitnehmer nach Zustimmung durch ihren Arbeitgeber (Verleiher) zur Arbeitsleistung an Dritte (Entleiher) verliehen. Die Arbeitnehmerüberlassung ist ein dreiseitiges Beschäftigungs- bzw. Arbeitsverhältnis zwischen Arbeitnehmer, Verleih- und Entleihfirma. Bei dieser Art der Beschäftigung bezieht der Arbeitnehmer sein monatliches Einkommen von der Verleihfirma, bei der er unter Vertrag steht und diese wiederum stellt dem Entleiher die geleistete Arbeit in Rechnung. Durch diese Beschäftigungsform ist es den Entleihern möglich, den Personaleinsatz flexibler zu gestalten und so Personalengpässe und Urlaubszeiten zu überbrücken. (Gabler Wirtschaftslexikon / Bräutigam 2010;2)

Wie in der folgenden Abbildung (Abb. 6) zu erkennen, ist die Zahl der Leiharbeitskräfte seit dem Jahr 1996 kontinuierlich gestiegen ist. Seit dem Jahr 2004 gibt es aber einen enormen Anstieg der Leiharbeit im Gesundheitswesen. Im Jahr 2010 waren etwa 19.000 Leiharbeitskräfte in Gesundheitsberufen beschäftigt, der größte Teil davon in der Pflege. Das ist über fünfmal mehr als noch im Jahr 2004. Zudem wird mit einer weiteren Zunahme gerechnet. Zusammenhängen könnte dies mit der steigenden Arbeitsbelastung und dem Fachkräftemangel in der Pflege. Jedoch gibt es auch positive Aspekte der Leiharbeit. Leiharbeit ist eine hervorragende Möglichkeit Personal zu rekrutieren. Es entsteht eine win-win-Situation.

Vorteile für den Arbeitnehmer:

Während des Leiheinsatzes kann der Leiharbeiter das Unternehmen besser kennenlernen als bei einem sonst üblichen Probearbeitstag, da er für einen längeren Zeitraum Eindrücke gewinnen kann. Zudem kann man als Leiharbeiter in verschiedene Unternehmen einblicken und sich hinsichtlich einer Festanstellung vorher genau umsehen, bevor man eine längerfristige vertragliche Bindung eingeht. Vor allem haben hochqualifizierte Leiharbeiter die Möglichkeit mit konkreten Vorstellungen in Bezug auf Arbeitszeit und Arbeitsort ihr Beschäftigungsverhältnis flexibler gestalten zu können.

Vorteile für Unternehmen:

Der Einsatz von Leiharbeitern ist eine flexible Möglichkeit auf Personalengpässe in Urlaubszeiten oder krankheitsbedingten Personalmangel reagieren zu können.

Dieser Einsatz ist als positive Strategie zu verstehen, da der Arbeitgeber sein Personal mit dieser Methode vor übermäßig hoher Arbeitsbelastung schützen möchte. Dies gibt dem Leiharbeiter und dem Stammpersonal ein gutes Bild über den Arbeitgeber und trägt dazu bei gerne dort zu arbeiten. (Imageverbesserung) Arbeitgeber können zudem Ihre Vorteile zur Personalrekrutierung aus der Leiharbeit ziehen. Das Unternehmen kann den Leiharbeiter kennenlernen, kann die Arbeitsweise beurteilen und sieht wie zuverlässig dieser ist, bevor man eine längerfristige vertragliche Bindung eingeht. Zudem spart sich das Unternehmen die Zeit, Arbeit und Kosten für eine Stellenausschreibung mit anschließendem Bewerbungsverfahren.

Nur leider wird das von den Unternehmen heute meist nicht so gesehen. Der Einsatz von Leiharbeitern wird überwiegend nicht für die Kompensation von

Personalengpässen genutzt oder um neues Personal zu gewinnen, sondern gehört für viele Unternehmen zum Tagesgeschäft. Dort dient die Leiharbeit dazu, Überstunden des Stammpersonals abzubauen, Überbrückung in Urlaubszeiten und zur Erfüllung der Fachkräftequote im Operationsdienst oder Abteilungen wie der Anästhesie und Intensiv. (vgl. Bräutigam, 2010;6)

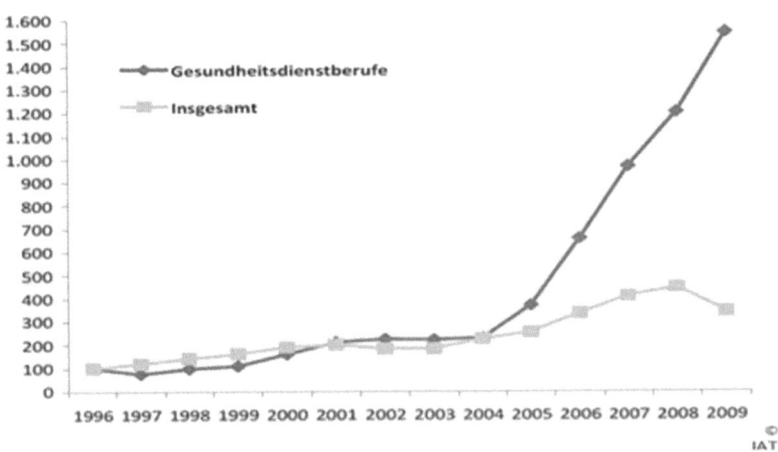

Abbildung 6: Entwicklung der Leiharbeitnehmer in Deutschland, Juni 2009

Aber kann man Leiharbeit als Handlungsstrategie gegen den Fachkräftemangel ansehen? Laut Bräutigam ist es nicht möglich Leiharbeit als Kompensationsversuch für den Fachkräftemangel zu nutzen. Solche gewachsenen und gesellschaftlich tolerierten Defizite seien durch Leiharbeit nicht annähernd kompensierbar. (vgl. Bräutigam, 2010)

Zudem muss man sich die Frage stellen, in wie weit man die Leiharbeit auf qualifizierte, personenbezogene Dienstleistungen wie die Pflege übertragen kann und in welchem Zusammenhang diese mit der Pflegequalität steht. Vorrangig wurde die Leiharbeit für Bereiche von industrieller Produktion entwickelt und überwiegend dort eingesetzt.

Die Qualität der pflegerischen Arbeit von Leiharbeitern hängt vor allem mit der Qualifikation, Erfahrung und dem Einsatzort ab. Auf Normalstationen ist laut

Bräutigam bei guter Qualifikation der Leiharbeiter prinzipiell nicht mit Verschlechterung der Pflegequalität zu rechen. (Bräutigam, 2010; 9)

Ich bin aber der Überzeugung, dass es durch dieses Instrument in bestimmten Bereichen schon zu Qualitätseinbußen kommt. Das Leihpersonal bekommt aufgrund von meist nur sehr kurzen Einsätzen keine intensive Einarbeitung, weil diese wiederum mit hohem zeitlichen Einsatz des Stammpersonals verbunden ist und mit dem ohnehin schon sehr knappen Personalstand nicht realisierbar ist. Aus eigener Erfahrung kann ich sagen, dass es zum Teil auch vorkommt, dass Leiharbeiter in Bereichen eingesetzt werden, von denen sie vorher noch nie etwas gehört haben. Dass es in solchen Einsatzgebieten dann zu Qualitätsverlust kommt ist also nicht auszuschließen. Meine eigne Erfahrung wird dahingehend durch folgende Aussage untermauert und zeigt, dass diese Problematik häufiger vorkommt als bisher angenommen.

> „Passen Qualifikation und Einsatzort, muss keine systematische Qualitätsproblematik folgen, allerdings sind diese Bedingungen in der Praxis nur teilweise erfüllt." (Bräutigam, 2010; 10)

4.2 Interne Personalbeschaffung

Unter interner Personalbeschaffung werden Maßnahmen verstanden, die dazu führen den Personalbedarf/ vakante Stellen mit vorhandenen Mitarbeitern zu besetzten. (vgl. Bertelsmann 2002; 156)

Diese Art der Personalbeschaffung bringt Vor- aber auch genau so Nachteile mit sich. Die Vorteile bei der internen Personalbeschaffung liegen hauptsächlich bei der geringeren Beschaffungs- und Einarbeitungszeit, aber auch bei den häufig niedrigeren Gehaltsund Lohnvorstellungen. Nachteile die die interne Personalbeschaffung mit sich bringt, ist die Gefahr der Betriebsblindheit, so dass Neuerungen unterbleiben. Zudem besteht die Gefahr, dass die Leistungsbereitschaft der Mitarbeiter sinkt, wenn die interne Stellenbesetzung ein automatisierter Prozess wird. (vgl. Osthoff, 2013)

Im Folgenden werden einige Möglichkeiten der internen Personalbeschaffung aufgezeigt und erläutert.

4.2.1 Ältere Mitarbeiter

Wie schon im Kapitel 3.1 erläutert, wird unsere Gesellschaft immer älter. Resultierend daraus, wird auch der Altersdurchschnitt der Mitarbeiter immer größer, weil es in Deutschland wie in Kapitel 3.2 erörtert einen enormen Nachwuchskräftemangel gibt. Anhand der demografischen Zange ist erkennbar, dass sich die Altersstruktur der Unternehmen in den letzten Jahren stark gewandelt hat. Von der demografischen Zange spricht man, wenn der Anteil der Beschäftigten über 50 Jahren auf über 35 % steigt, während die unter 30-Jährigen nur noch weniger als 20 % der Belegschaft ausmachen. (Buck und Schletz, 2002; 9) (Abb. 7) Dem Staat ist bewusst, dass mit dem Eintritt ins Rentenalter wertvolle Fachkräfte verloren gehen, die unmöglich kompensierbar sind. Daher gibt es seit dem Jahr 2012 eine stufenweise Erhöhung des Renteneintrittsalters, um dem bevorstehenden Verlust dieser Fachkräfte entgegen zu wirken. Durch diese Strategie müssen die Mitarbeiter länger im Beruf bleiben oder für einen frühzeitigen Renteneintritt gemäß §77 Abs. 2 Nr. 2 SGB VI Rentenabschläge beantragen. Dabei werden für jeden Monat vorzeitigen Rentenbezugs 0,3% für die gesamte Rentenlaufzeit erhoben. (Gasche, 2011; 3) Kurzfristig wird diese Strategie funktionieren, ist aber mit großer Sicherheit kein Konzept für die Zukunft. Das Hauptproblem ist weiterhin, dass wir einen Mangel an Nachwuchskräften haben, welcher mit dieser Methode nicht berührt wird.

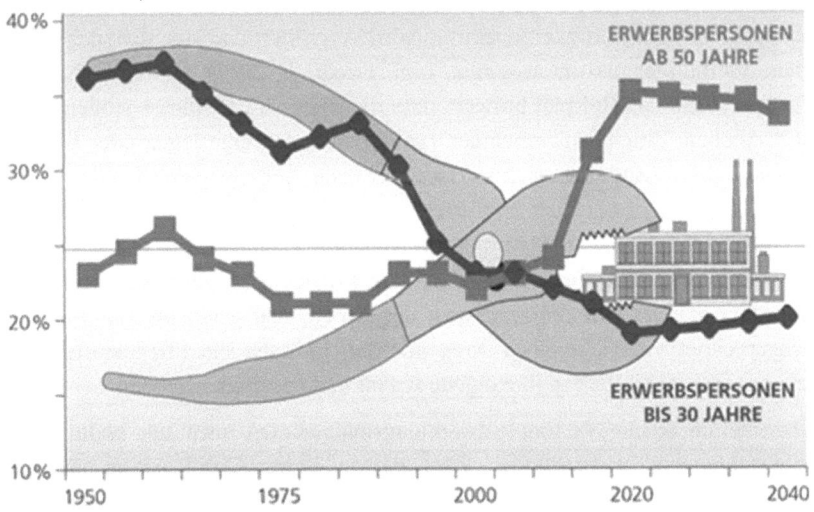

Abbildung 7: Unternehmen in der demographischen Zange (Quelle: Handlungsanleitungen für eine altersgerechte Arbeits- und Personalpolitik, Stuttgart)

4.2.2 Personalentwicklung

Die Personalentwicklung ist auch eine beliebte Methode der Personalbeschaffung. Nach heutigem Verständnis umfasst Personalentwicklung alle Maßnahmen, die zur Qualifikation und beruflichen Entwicklung aller Mitarbeiter beitragen und dabei gegenwärtige und zukünftige betriebliche sowie persönliche Interessen berücksichtigen. Als Hauptaufgabe der Personalentwicklung wird die geplante Fort- und Weiterbildung verstanden. (vgl. Lerche et al. 2001;15) Durch die gezielt eingesetzte Personalentwicklung, kann man als Unternehmen seinen eigenen Nachwuchs für bestimmte Positionen oder Führungsnachwuchskräfte „heranzüchten".

In der folgenden Grafik werden Personalentwicklungsmaßnahmen in einzelne Phasen gegliedert. (siehe Abb. 8). Vorrangig für diese wissenschaftliche Arbeit sind allerding die Phasen „on the job" und „along the job".

Aus der Phase "on the job" kommen im Gesundheitswesen häufig Maßnahmen wie Job-Enlargement und Job-Rotation in Gebrauch. Unter Job-Enlargement versteht man, wie der Name schon sagt eine quantitative Erweiterung des Aufgabengebietes. Das Tätigkeitsspektrum wird vergrößert und aus Sicht des Mitarbeiters vielfältiger und interessanter. (vgl. Friedrich, 2013) Aus dem Krankenhaus kann man das Beispiel bringen, dass die Pflegekräfte immer größere Teile der ärztlichen Tätigkeit übernehmen (wie venöse Zugänge legen oder Blutentnahmen), dabei handelt es sich um eine vertikale Aufgabenverschiebung (siehe Kapitel 4.3), da es bei dem ärztlichen Personal ebenfalls Engpässe gibt. (vgl. Lohmann und Preusker 2011) Im ersten Augenblick scheint eine solche Delegation zwar interessant und spannend für die Pflegekräfte, allerdings handelt es sich dabei nur um eine Verschiebung der Arbeit, man spart als Unternehmen hochgerechnet vielleicht einen Arzt, allerding müssen die Pflegekräfte dafür mehr arbeiten und schaffen ihre eigene Arbeit nicht zufriedenstellend.

Daher helfen solche Personalentwicklungsmaßnahmen auch nur bedingt den Fachkräftemangel zu bewältigen. Zum anderen kommt Job-Rotation häufig in Krankenhäusern zum Einsatz, Mitarbeiter erwerben durch systematischen Arbeitsplatz- und Aufgabenwechsel eine Mehrfachqualifikation, wodurch sie im späteren Verlauf effektiver und flexibler dort eingesetzt werden können, wo gerade ein Engpass herrscht. Durch Job-Rotation wird den Mitarbeitern erhöhte fachliche, soziale und persönliche Kompetenz vermittelt. (vgl. Friedrich, 2013) In vielen deutschen Krankenhäusern werden momentan sogenannte Springer-Pools eingeführt, die genau nach diesem System arbeiten. (vgl. Fick, 2012) Diese Maßnahme ist nützlich um gezielt akute Engpässe zu bewältigen, allerdings löst es nicht das Hauptproblem des Fachkräftemangels im Gesundheitswesen. Weiterhin kommen Personalentwicklungsmaßnahmen aus der Phase „along the job". Häufig werden im Krankenhaus Maßnahmen der Führungskräfteentwicklung genutzt, man versucht als Unternehmen geeignete Leute aus den eigenen Reihen zu Führungskräften zu entwickeln. Pflegekräfte die schon seit Jahren im Unternehmen tätig sind werden dann aufgrund der Nachfolgeregelung zu einer Führungskraft ausgebildet. Damit wirkt man zwar dem Führungskräftemangel entgegen, aber häufig auf Kosten der Qualität. Wie in Kapitel 4.2 erläutert, bringt eine solche Regelung gewisse Nachteile mit sich, derartige Nachfolgeregelungen bergen die Gefahr der Betriebsblindheit, so dass Neuerungen unterbleiben und die Leistungsbereitschaft der Mitarbeiter sinkt, wenn die interne Stellenbesetzung ein automatisierter Prozess wird. (vgl. Osthoff, 2013) Weiterhin ist nicht gesagt, dass jemand der seit Jahren in einem bestimmten Bereich tätig ist, die Fähigkeit besitzt dort als Nachfolger der Leitung zu fungieren. Eine effektive Maßnahme ist dies also auch nicht gegen den bestehenden Fach und Führungskräftemangel.

Tabelle 3.1: Gliederung der Personalentwicklungsmaßnahmen (in Anlehnung an Zaugg 2006: 26)

Personalentwicklungsmaßnahmen	
PE – into the job	• Ausbildung • Praktika • Einarbeitungsprogramme • Planmäßige Unterweisung, Anleitung • Traineeprogramme
PE – on the job	• MA-Gespräche • Stellvertretung • Job-Enlargement • Job-Enrichment • Job-Rotation • eLearning • Job-Sharing • Gruppenarbeit, teilautonome Arbeitsgruppen
PE – near the job	• Entwicklungsarbeitsplätze • Coaching • Supervision • Kollegiale Beratung • Projektarbeit und Sonderaufgaben • Qualitätszirkel • Ideenmanagement
PE – along the job	• Laufbahnplanung • Nachfolgeplanung • Führungskräfteentwicklung • Mentorenprogramme
PE – off the job	• Vorträge, Lehrgespräche • Förderkreise • Seminare und Planspiele • Workshops, Konferenzen, Tagungen, Fachforen • Hospitationen, Einsätze in anderen Organisationsbereichen, in anderen Organisationen sowie Auslandseinsätze • Fort-/Weiterbildungsmaßnahmen mit Abschluss • Assessment-Center (AC)
PE – out of the job	• Ruhestandsvorbereitung • Altersteilzeit • Outplacement

Abbildung 8: Gliederung der Personalentwicklungsmaßnahmen (Quelle: Friedrich, 2013)

4.3 Delegation von Aufgaben an Hilfspersonal

Eine andere häufig eingesetzte Strategie ist der Einsatz von mehr Hilfspersonal, welches den Fachkräften Arbeit abnehmen soll. Eine Studie des Deutschen Krankenhausinstitutes (DKI) belegt, dass in vielen Krankenhäusern bereits heute eine Delegation von pflegerischen Tätigkeiten in nicht unerheblichem Umfang auf Dritte erfolgt. (vgl. DKI 2010;116)

In der folgenden Grafik ist erkennbar, zu welchem Anteil (in %) die jeweiligen Aufgaben unterschieden nach Krankenhausgrößen von Hilfspersonal übernommen werden.

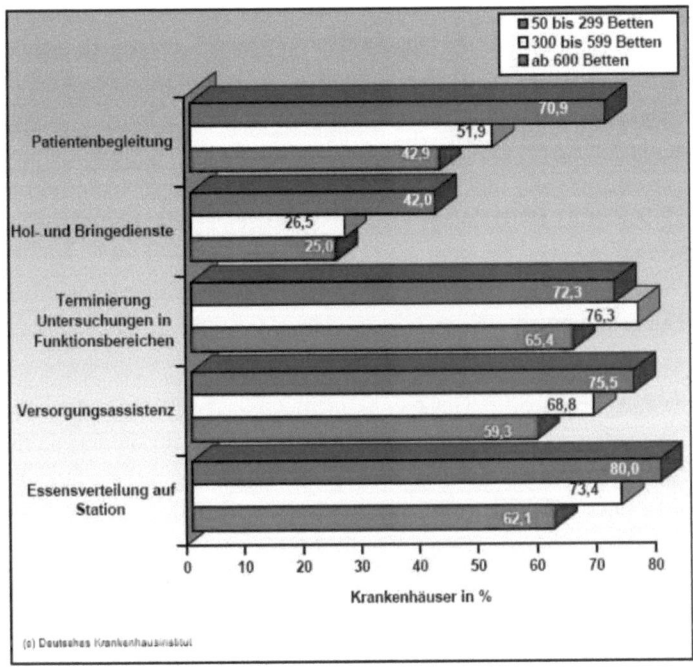

Abbildung 9: Aufgabenübernahme durch Hilfspersonal in deutschen Krankenhäusern

Die Aufgabenverschiebung ist ein wichtiges Instrument bei der Kompensation des Fachkräftemangels und des dadurch hohen Arbeitsaufkommens. Wirtschaftlich ist der Einsatz von Pflegehelfen sehr vorteilhaft, da sie günstiger als Pflegefachkräfte und zudem leichter zu finden sind. Jedoch hat der Einsatz ebenso negative Folgen. Beim Einsatz von Pflegehelfen müssen die gesetzlichen Rahmenbedingungen genauestens beachtet werden. Handelt es sich um eine **horizontale** Verschiebung von Tätigkeiten bedeutet dies, dass Aufgaben von innerhalb einer Berufsgruppe verschoben werden (von einer Pflegefachkraft zu anderen Pflegefachkraft). In diesem Fall ist die ausführende Pflegefachkraft für ihr Handeln eigenverantwortlich und haftet selbst für ihre vollzogene Tätigkeit. Handelt es sich jedoch um eine **vertikale** Verschiebung von Tätigkeiten, d.h. eine Verschiebung von Pflegefachkraft zu Hilfskraft oder von Arzt zu Pflegefachkraft, so spielen rechtliche Rahmenbedingungen (Sorgfaltspflicht) bezüglich der Haftung eine wichtige Rolle. (vgl. DKI, 2010) Die Sorgfaltspflicht besagt dass jeder nach seinem besten Wissen und Gewissen mit Beachtung aller eintretenden Folgen handeln muss. Zu der Sorgfaltspflicht der ausführenden Pflege- oder Hilfskraft gehört auch die Durchführungsverantwortung, welche die sogfältige Prüfung der eignen Fähigkeit zur Ausführung der Anordnung beinhaltet. Der Delegierende hat jedoch bei der Auswahl der ausführenden Person die Anordnungsverantwortung welche besagt, dass Anordnungen nur an qualifizierte Personen erfolgen darf. Zudem hat der Delegierende die Aufgabe die Anordnung zu kontrollieren. Bei Schadensersatzansprüchen und ggf. Schmerzensgeldleistungen haftet in einem solchen Fall laut §823 BGB und §847 BGB der Delegierende und der Ausführende gleichermaßen. (vgl. Kuntze; 49-52) Zudem kann durch sich den erhöhten Einsatz von Hilfskräften die Qualifikationsstruktur verringern, da diese eine geringere Qualifikation aufweisen.

Aufgrund der Anordnungsverantwortung ist der Einsatz von Pflegehelfern kein guter Zug für die Pflegefachkräfte. Genauer betrachtet muss man sagen, dass der Einsatz unter Umständen sogar einen erhöhten Arbeitsaufwand für die Fachkräfte bedeutet, weil die Pflegefachkraft die delegierten Tätigkeiten auf Richtigkeit kontrollieren muss. Dies war in den 80er Jahren einer der Gründe, weshalb Pflegefachkräfte ihren Beruf verlassen haben. Sie mussten zum Teil alleine, nur mit einigen Hilfskräften Patienten in hochakuten Situationen betreuen und somit eine sehr hohe Verantwortung tragen.(vgl. Smerdka-Arhelger 2008;1080). Heute im Zeitalter der Zertifizierungen sind die Aufgaben, die in einem Unternehmen zu erledigen sind standarisiert. Vor allem die Verantwortlichkeiten müssen standarisiert sein. Es muss geregelt sein, wer welche Aufgaben übernimmt und dafür haftbar gemacht werden kann. Außerdem muss klar, eindeutig und verbindlich aufgezeigt werden, welche Tätigkeiten wie zu erledigen sind. Dies kann in Form von Standards geschehen, in denen die Aufgaben gegliedert erklärt sind und an die sich alle Mitarbeiter halten müssen.

Mit solchen Regelungen kann man erreichen, dass die hochqualifizierten Mitarbeiter im Unternehmen nicht mit Aufgaben belastet werden, für die sie überqualifiziert sind. So lässt sich deren Zufriedenheit steigern und die zeitliche Kapazität für hochqualifizierte Tätigkeiten ökonomisch sinnvoll nutzen. (vgl. DKI, 2010;194-196)

5. Neue Bewältigungsstrategien

Die o.g. bisherigen Bewältigungsstrategien haben alle einen brauchbaren Ansatz und Helfen auch bedingt bei der akuten Bewältigung des Fachkräftemangels im Gesundheitswesen. Allerdings kann man mit diesen Strategien nicht das Grundproblem lösen und den dauerhaften Personalengstand vermeiden. Das genannte Grundproblem ist verglichen mit einigen Umfragen zum Thema, das Image der Pflege, die vermeintlich schlechten Arbeitsbedingungen und die dadurch geringe Attraktivität des Berufs. (vgl. Kapitel 3.2)

Um Veränderungen herbei zu führen und junge Menschen zu animieren einen Pflegeberuf zu erlernen, muss zuerst das Image der Pflege verbessert werden. Es müssen Beratung in den Elternhäusern, bei den Berufsberatern der Arbeitsagenturen sowie den Lehrkräften in öffentlichen Schulen stattfinden, da diese laut einer Umfrage der Universität Bremen einen sehr großen Einfluss auf die Berufswahl der Jugendlichen haben. Der Pflegeberuf wird von diesen Personen scheinbar stark mit negativen Aspekten assoziiert und auch so an die potentiellen Bewerber weitergegeben. (vgl. Universität Bremen, 2010)

Dies ist allerdings nur der Anfang „Neuer Bewältigungsstrategien". Mit diesem Ansatz, kann man es schaffen neue Pflegekräfte zu rekrutieren, jedoch ist ein weiteres sehr großes Problem der Personalwirtschaft in Deutschland, dass die Pflegekräfte nach kürzester Zeit aus dem Beruf „flüchten". (vgl. NEXT Newsletter 12/2002) Der Beruf muss attraktiver werden und so eine Bindung des bestehenden und des neu rekrutierten Personals bewirken.

Magnetkrankenhäuser (vgl. Kapitel 6 ff.) sind der lebende Beweis, dass das Schaffen eines professionellen Arbeitsumfeldes die Lösung ist, um die Flucht aus dem Pflegeberuf zu verhindern"

5.1 Imageverbesserung des Pflegberufs

Über die Tatsache, dass das Image des Pflegeberufs verbessert werden muss, ist sich in Deutschland wahrscheinlich die Mehrheit einig. Rückblickend zu Kapitel 3.2 wird deutlich, dass der Pflegeberuf auf Grund seines Images eher zu den „Out-Berufen" gehört. Der Pflegeberuf wird häufig mit dem Beruf des Fleischers oder mit Lagertätigkeiten verglichen, weil diese Berufe mit ähnlich schwerer körperlicher Belastung einhergehen. (Universität Bremen, 2010)

Um eine Imageverbesserung zu erreichen und auf lange Sicht erfolgreich Personal halten zu können muss zielgerichtet bei den drei folgenden Gruppen angeknüpft werden. Die erste Gruppe sind die potentiellen Nachwuchskräfte, die von ihren Eltern und Lehrern häufig bei der Berufswahl unterstütz und beraten werden. Zu der zweiten Gruppe gehören die aktuell beschäftigten Pflegekräfte. Diese Gruppe trägt einen großen Anteil zu dem Berufsbild der Pflegekräfte bei. Wem könnte man mehr glauben als denen, die in diesem Beruf tätig sind. Aber genau von diesen Leuten würden nur etwa 1/3 ihren Beruf weiterempfehlen.(vgl. Buxel, 2011; 5) Genannte Gründe dafür sind unter anderem die geringe Wertschätzung, die den Pflegenden entgegen gebracht wird, niedrige Löhne und schlechtes Image, die unzureichende Personalbesetzung und die zugleich kontinuierlich steigende Arbeitsbelastung und dem damit verbunden Stress. (vgl. Buxel, 2011; 5-6 / NEXT Newsletter 12/2002). Durch die Bekanntmachungen der zweiten Gruppe in den Medien, gegenüber den Patienten und Angehörigen wird die dritte Gruppe genährt; die Gesellschaft. Um in der Gesellschaft das Ansehen von Pflegekräften zu verbessern und somit auch die potentiellen Nachwuchskräfte für den Beruf zu begeistern, müssen die ersten Schritte in der zweiten Gruppe gemacht werden. Die Arbeits- und Rahmenbedingungen in den Unternehmen müssen stark verbessert werden. Sind die aktuellen Pflegkräfte mit den Rahmen und Arbeitsbedingungen in ihrem Beruf zufriedener, würden diese ihren Beruf auch in einem größeren Umfang weiterempfehlen. Anregungen dazu kann man sich in Kapitel 6 und 7 bei den Konzepten „Magnetkrankenhaus „ und „Great Place to Work" holen, welche sehr großen Wert auf die Arbeitsbedingungen und Mitarbeiterzufriedenheit legen. Sind die Arbeitsbedingungen erst verbessert, ist ein Anfang geschaffen, dass diese Informationen an die Gesellschaft gelangen und sich dort das Bild des Pflegeberufs im Laufe der Zeit verändert. Zeitgleich muss allerdings bei den potentiellen Bewerbern, ihren Eltern und Lehrern angeknüpft werden. In der Phase der Berufswahl spielen diese nämlich eine wichtige Rolle. (vgl. Kapitel 3.2) Es müsste eine Informationskampagne zu diesem Beruf ins Leben gerufen werden, die in allen Abschlussklassen über den Pflegeberuf informiert und zudem den Eltern und Lehrern Infomaterial zu Verfügung stellt.

Laut Umfrage der Universität Bremen wird der Pflegeberuf von männlichen Jugendlichen meist mit „Betreuen und Versorgen" (55,2%), „alte Leute" (29,2%), „Helfen" (18,8%), „Abwertungen der Tätigkeit" (17,7%) und „Schmerz, Krankheit und Behinderung" (17,7%) in Verbindung gebracht.

Die weiblichen Jugendlichen verbinden Pflege meistens mit „Pflege ist Helfen" (45,9%), gefolgt von den Assoziationen „Betreuen und Versorgen" (43,4%), „positive Attribute wie Mitmenschlichkeit, Solidarität und Verantwortung" (26,3%), „Pflege ist anstrengend/ viel Arbeit" (20,5%) und Pflege ist „Schmerz, Krankheit und Behinderung" (16,4%).

Innerhalb dieser Studie wurde die Feststellung gemacht, dass die geringe Motivation für einen Pflegeberuf vor allem auf **Informationsdefizite und undifferenzierte Informationen** über den Pflegeberuf zurückzuführen ist.

94 % der aktuellen Auszubildenden betonten wiederholt, dass sie diesen Beruf aufgrund der hohen Freude und dem Spaß wieder wählen würden. (vgl. Universität Bremen, 2010) Daher würde ich es als sinnvoll erachten, dass diese Informationskampagnen von Gesundheits-und Krankenpflegeschülern für Schulabsolventen in den Abschlussklassen gemacht werden. So können die aktuellen Auszubildenden über ihre Erfahrungen erzählen und Gründe aufzeigen, weshalb sie diesen Beruf so gut finden und diesen auch wieder wählen würden. Diese könnte im Rahmen der Gesundheits- und Krankenpflegeausbildung als eine Art Projekt durchgeführt werden um so evtl. erste Projekterfahrung zu sammeln. Zudem sollte diese Kampagne in der heutigen Zeit auch auf soziale Netzwerke erweitert werden, es könnten Informationsforen geschaffen werden in denen auch ein Informationsaustausch stattfinden kann. Genau dort erreicht man die „Generation Y" häufig am besten.

Ziel dieser Kampagne sollte sein, ein positives Bild des Pflegeberufs in der Öffentlichkeit zu schaffen. Wichtig ist dabei auch, dass die unterschiedlichen Einsatzgebiete und Karriereoptionen aufgezeigt werden.

Als Gesundheits- und Krankenpfleger muss man nicht zwangsläufig in einem Krankenhaus oder Pflegeheim arbeiten, wie es von den meisten jungen Leuten immer gedacht wird. Gesundheits- und Krankenpfleger finden ihren Einsatz auch häufig bei medizintechnischen Unternehmen im Vertrieb oder bei Krankenkassen etc. Zudem gibt es für Gesundheits- und Krankenpfleger unzählige Fort- und Weiterbildungsangebote, sowie verschiedenen Studiengänge. (vgl. Arbeitsagentur 2006)

Genau über diese Dinge müssten die potenziellen Bewerber und die Öffentlichkeit informiert werden, um das Bild des Pflegeberufs in eine positive Richtung zu lenken.

5.2. Akademisierung des Pflegeberufs

Seit Jahren wird die Akademisierung des Pflegeberufs in Deutschland vorangetrieben. (vgl. Rohlwink, 2014) Einen richtigen Durchbruch gibt es allerdings noch nicht.

Deutschland orientiert sich diesbezüglich nun an seinen Nachbarländern und vor allem den USA. In den USA wird der Pflegeberuf schon seit Anfang des 20. Jahrhunderts als universitäre Ausbildung angeboten. (vgl. Moers und Schaeffer, 2013) Bereits 1907 wurde in den USA der erste Lehrstuhl für Pflegewissenschaften etabliert. Also zu einem Zeitpunkt, als in Deutschland noch von Pflege als Liebesdienst betratet wurde, der nicht entlohnt werden müsse. (vgl. von Reibnitz, 2009; 12) Deutschland hat einen frühzeitigen Einstieg in die Akademisierung des Pflegeberufes verpasst. Erst 1991 wurde in Osnabrück der erste pflegerische Studiengang in Deutschland eingerichtet. Es gab zwar in den 1970er Jahren einen Modellstudiengang für Lehrkräfte in der Krankenpflege, welcher aber nicht zu einem dauerhaften Bildungsangebot überführt werden konnte. In den 1980er Jahren begannen dann zwei Studiengänge in Osnabrück, die für die Weiterbildung von Lehrkräften und Pflegdienstleitungen dienen sollten. (vgl. Lücke, 2013) Nun setzt sich aber auch in Deutschland mehr und mehr die Erkenntnis durch, dass es um eine Anhebung des Qualifikationsniveaus geht, die nicht nur auf Bereiche wie Leitung und Lehre beschränkt werden sollten. (vgl. Moers und Schaeffer, 2013)

Aufgrund der Tatsachen, dass der erste pflegerische Studiengang erst 1991 eingerichtet wurde, haben wir schon eine Menge erreicht. Stand 03/2013 existierten in Deutschland 40 grundständige Pflegestudiengänge, 55 weiterbildende Bachelor-Studiengänge und mehr als 30 weiterbildende Masterstudiengänge. Zudem kommen noch 4 Studiengänge, die zur Promotion führen. (Auflistung siehe Die Schwester Der Pfleger 52. Jahrg. 3/13: 303ff.) (vgl. Lücke, 2013)

Auch Pflegekräfte sollten einen hochqualifizierten, akademischen Abschluss vorweisen. Durch diese Qualifikationssteigerung verbessert sich die Qualität, wodurch die Mortalität und sonstige Komplikationen von Pflegebedürftigen in Krankenhäusern enorm gesenkt werden. Studien welche beweisen, dass in Abteilungen in denen es mehr Bachelor und Master Absolventen gibt weniger Komplikationen wie etwa Harnwegsinfekte, Thrombosen und Pneumonien auftreten, sollten uns hellhörig machen. (vgl. Görres, 2012; 1023)

„Durch (...) qualitativ hochwertige Querschnittstudien (...) kann ein positiver Zusammenhang zwischen einer Ausbildung auf Bachelorniveau und dem Patientenoutcome als bewiesen angesehen werden." (Darmann-Finck, 2012)

Auf kurze Sicht wird die Akademisierung des Pflegeberufs keinen Fachkräftemangel verhindern können, dieser würde sich schlimmstenfalls sogar vorerst noch verschlimmern. Wenn die Zugangsvoraussetzungen steigen, würden noch weniger junge Leute diesen Beruf ergreifen, so argumentiert die Politik. Langfristig würde sich eine Akademisierung des Pflegeberufs aber bezahlt machen. Der Pflegeberuf würde durch eine Akademisierung attraktiver und unabhängiger. Dies würde sich langfristig sehr positiv auf das Nachwuchsproblem auswirken. (vgl. Görres, 2012) Man erhofft sich, durch das Angebot der Pflegestudiengänge mit Bachelor- oder Masterabschluss, dass mehr Abiturienten Interesse an dem Beruf finden. (vgl. Rohlwink, 2014) Laut Görres befindet sich die Pflege gerade an einem Scheideweg. Entweder geht es in die Richtung, die Qualität durch Akademisierung zu verbessern oder in die Richtung „Versorgung in der Fläche" durch viele Hände und Köpfe, die nicht gut ausgebildet sein müssen. Prof. Görres (Direktor des Instituts für Public Health und Pflegeforschung (IPP) in Bremen) hält die Vollakademisierung nicht nur für erstrebenswert, damit wir international ebenbürtig sind, sondern die Pflege auf Augenhöhe mit der Medizin steht. Um eine gute Versorgungsqualität zu erreichen, müssen Pflege, Medizin und andere therapeutische Berufe auf Augenhöhe kooperieren. Voraussetzung dafür ist eine gute Ausbildung der Pflege, welche nur mit der Akademisierung des Pflegeberufs möglich ist. (vgl. Görres, 2012)

Auf Augenhöhe mit anderen Berufsgruppen, Wertschätzung der Pflege, dies sind Faktoren, die den Pflegberuf attraktiver erscheinen lassen. Deutschland ist momentan in der EU das einzige Land, in dem die Krankenpflege als Ausbildungsberuf mit einem Examen abgeschlossen wird. In den anderen Ländern studiert man Krankenpflege und schließt mit einem Bachelor oder Diplom ab. (vgl. Abb. Pflegeausbildung in der EU in Hanika 2012: 697) Man kann davon ausgehen, dass wir nun auch zielgerichtet zur Akademisierung des Pflegeberufs gehen. Immer mehr Krankenhäuser bieten schon jetzt duale Ausbildungsmodelle an, wo man Pflegestudiert und gleichzeitig Praxiseinsätze hat. (vgl. Maase, 2015) Schwierig ist momentan noch, dass nicht geregelt ist, welche Aufgabengebiete die studierten Pflegefachkräfte nach ihrem Studium haben. Viele Krankenhäuser würden zwar die Absolventen des grundständigen Pflegestudiums einstellen, allerding nur zu den üblichen Konditionen. Das bedeutet, es gibt momentan weder andere Aufgabengebiete noch abweichende Entlohnungsmodelle für die akademisierten Pflegekräfte. (vgl. Lücke 2015) Das Uni Klinikum Münster hat in einer Arbeitsgruppe („Von der Hochschule ans Patientenbett") aus Mitarbeitern der Pflegedirektion, der Stabsstellen und der Krankenpflegeschule einige mögliche Aufgabengebiete von akademisierten Pflegekräften erarbeitet. (Abb.10) (vgl. Maase, 2015) Dieses Konzept ist eine mögliche Vorstellung, wenn die Arbeitgeber attraktive Arbeitsplätze mit einer sinnvollen Differenzierung zwischen wissenschaftlicher Tätigkeit, Beratung und direkter Patientenversorgung anbieten. Damit man die Bachelor-Absolventen auch langfristig in der Patientenversorgung halten kann ist es wichtig, dass diese vor allem sicher Freigestellt werden, um ihre Aufgaben in guter Qualität erfüllen zu können. (vgl. Maase, 2015) In unseren Nachbarländern wie beispielsweise Frankreich und Niederlande, aber auch Skandinavien absolvieren die Krankenschwestern und -pfleger eine akademische Ausbildung und sind für anspruchsvollere Aufgaben im Krankenhausalltag verantwortlich. Dort gibt es eine verantwortungsvollere Zusammenarbeit mit den Ärzten, ein besseres Ansehen und dadurch insgesamt eine größere Zufriedenheit der Pflegekräfte. (vgl. Rohlwink, 2014) Die Akademisierung der Pflege ist sicherlich ein sehr großer Schritt zur Erhöhung der Attraktivität des Pflegeberufes und trägt so dazu bei, neue Nachwuchskräfte zu rekrutieren. Momentan stehen wir aber noch ganz am Anfang und müssen dieses Konzept in klare Linien führen und eine transparente Aufgabenverteilung ermöglichen.

Abbildung 10: Aufgaben für Akademisierte Pflegekräfte

5.3 Employer Branding

Unter Employer Branding versteht man den Aufbau und die Pflege von Unternehmen als Arbeitgebermarke. Der Gedanke dahinter ist, dass sich Unternehmen gegenüber ihren Mitarbeitern, potentiellen Bewerbern und dem Umfeld als attraktive Arbeitgeber darstellen, von anderen Wettbewerbern im Arbeitsmarkt positiv abzugrenzen und so einen Beitrag zur Gewinnung und Bindung von Mitarbeitern zu leisten. Employer Branding ist im tieferen Sinne ein Instrument des Personalmarketings. (vgl. Gabler)

Vor einigen Jahren haben Personalverantwortliche in der Pflege wenig Zeit daran vertan potenzielle neue Mitarbeiter anwerben zu müssen. Es war üblich für Unternehmen, dass man Werbung machen musste um Kunden zu gewinnen, aber um Mitarbeiterwerbung hat sich damals niemand Gedanken gemacht. (vgl. Loffing, 2012) In Zeiten des Fach- und Führungskräftemangels und dem immer weiter fortschreitenden demografischen Wandel in Deutschland (Kapitel 3.1.) wird dem Aufbau einer Arbeitgebermarke (Employer Brand) aber zunehmend mehr Aufmerksamkeit geschenkt. Fachkräfte finden und langfristig halten stellt im Unternehmen einen zentralen Erfolgsfaktor dar und damit einen enormen Wettbewerbsvorteil. (vgl. Stotz, 2013) Um Werbung zu machen, muss man allerdings Wissen wofür man wirbt. Ziel des Employer Brandings ist es, als Arbeitgeber attraktiver als die anderen Unternehmen da zustehen, einen großen, positiven Bekanntheitsgrad zu erlangen, eine Arbeitgebermarke zu definieren und so einen Wettbewerbsvorteil bei der Gewinnung neuer Mitarbeiter zu haben. (vgl. Loffing, 2012) Als Unternehmen muss man etwas bieten, was den Mitarbeitern zu gute kommt und es bei den anderen Unternehmen nicht gibt. Einen Ansporn geben, wieso man lieber dort als woanders arbeiten wollen würde. Die Attraktivität des Unternehmens muss gesteigert werden.

5.3.1 Attraktivität des Unternehmens steigern

Mit der Steigerung der Attraktivität des eignen Unternehmens schafft man zwar nicht den Fachkräftemangel in Deutschland zu bewältigen, da es sich nur um eine Ressourcenverschiebung handelt, aber weitgehend im eigenen Unternehmen. Es gilt die Attraktivität im eignen Unternehmen derart zu verbessern, dass die Pflegekräfte aus umliegenden Kliniken einen Anreiz bekommen dort die Arbeit einzustellen und den Arbeitsplatz zu wechseln (Employer Branding).

Zu den wichtigsten Merkmalen die für die Arbeitsplatzwahl und die Zufriedenheit im Krankenhaus entscheidend sind, gehören ein gutes Betriebsklima, Vereinbarkeit mit dem Privatleben (Work-Life-Balance) und eine angemessene Vergütung (inkl. Bezahlung oder Ausgleich von Überstunden). Außerdem sind Wertschätzung von Leistung, Lob und Anerkennung von Vorgesetzten und Verantwortungsübernahme sowie hohe Selbstständigkeit bei abwechslungsreicher Tätigkeit die wichtigsten Faktoren für zufriedene Mitarbeiter. (vgl. Buxel 2011).

Die größten Schwächen haben die Kliniken (Arbeitgeber) aber genau in diesen Bereichen. In einer Befragung der Mitarbeiter im Pflegedienst zum Thema „Handlungsdruck hinsichtlich einer Verbesserung ihrer Zufriedenheit" kann man ersehen, dass die Antworten der Pflegekräfte mit den gerade genannten Kriterien für die Auswahl eines Arbeitsplatzes korrelieren. Verdienstmöglichkeiten, Work-Life-Balance, Personalbesetzung, Stellenwert und Wertschätzung von Leistung durch Vorgesetzte sowie die Positionierung der Berufsgruppe Pflege in Entscheidungsgremien des Hauses schneiden dabei schlecht ab. (vgl. Buxel, 2011) Die Gefahr der inneren Kündigung und das dadurch erhöhte Burnout-Risiko unter Pflegeden und Ärzten lässt sich durch diese große Diskrepanz zwischen dem Wunsch der Arbeitnehmer im Gesundheitssektor und dem was sie dann in ihren Unternehmen vorfinden erklären. (vgl. Blanck-Köster, 2013)

(Dazu empfehle ich meine empirische Studie zum Thema „Untersuchung des individuellen Burnout-Risikos in einem Krankenhaus der Maximalversorgung mit Hilfe einer modifizierten Form des Maslach-Burnout-Inventory (MBI-D)" zu lesen.)

Wie schon in Kapitel 3.4 beschrieben, gibt es gerade im Pflegeberuf eine große Diskrepanz mit der Work-Life-Balance. Schon dort kann gut angesetzt werden, indem man individuelle Arbeitszeitmodelle für Mütter oder Teilzeitkräfte schafft. Es könnten auch Kinderbetreuungsplätze im Unternehmen geschaffen um so die Vereinbarkeit von Beruf und Familie zu vereinfachen. Es müssen Modelle erarbeitet werden, um „...lebensphasenspezifisch und individuell für beide Bereiche die anfallenden Verpflichtungen und Interessen erfüllen zu können." (Michalk und Nieder 2007;22) Ein weiterer Ansatzpunkt ist die Vergütung. Die Tarifstruktur im Gesundheitswesen gibt es bisher noch nicht her, dass leistungsabhängige Zulagen gezahlt werden, so wie es in der Industrie schon lange Gang und gäbe ist. Mitarbeiter die sich sehr engagiert zeigen, Zusatzaufgaben übernehmen und sich vielleicht sogar freiwillig weiterbilden um ihr Wissen zu erweitern, erhalten in der

Regel dasselbe Gehalt wie Pflegekräfte die dies Alles nicht tun. Selbst Stationsleitungen verdienen im Vergleich zu ihren Mitarbeitern nicht viel mehr. Durch den Wegfall der Schichtzulage verdient die Stationsleitung unter dem Strich vielleicht sogar weniger, obwohl sie hauptverantwortlich für eine gute Organisation der Station ist. (vgl. Teigeler, 2014) Motivationstheorien gehen heute insgesamt von der These aus, dass Geld allein langfristig nicht glücklich macht, aber stets ein positiver Verstärker ist. In Gesundheitseinrichtungen überwiegt allerdings die intrinsische Motivation der Mitarbeiter. Die Personalbindung bei Mitarbeitern des Gesundheitswesens werden weniger über materielle als über immaterielle Anreize gesteuert wird. Dort sind das Vertrauen, die Kollegialität, die Anerkennung und die Wertschätzung durch Führungskräfte sowie das Vermitteln von Zugehörigkeit („Bonding") von größerer Bedeutung. Mit am wichtigsten zur Steigerung der Attraktivität des Unternehmens ist der Erfolgsfaktor „Wertschätzung" der Mitarbeiter. (vgl. Lohmann; Preusker, 2011) Doch genau der Faktor „Wertschätzung" wird mit 62,3 % der Pflegkräfte als größter Faktor der Unzufriedenheit beschrieben. Mitarbeiter wünschen sich regelmäßiges Lob und Feedback für geleistete Arbeit und „echtes" Interesse von Vorgesetzten für den einzelnen Mitarbeiter. (vgl. Buxel, 2011) Durch die Steigerung der Attraktivität des Arbeitgebers kann man unter anderem Fehlzeiten minimieren, Fluktuation verhindern und dadurch Personalbeschaffungskosten senken. (vgl. Blanck-Köster, 2013)

Aufgrund der demografischen Entwicklung und dem damit einhergehenden Fach- und Führungskräftemangel gewinnen Faktoren zu Bindung von vorhandenem Personal wie die Vereinbarkeit von Familie und Beruf (Work-Life-Balance), Förderung der persönliche Entwicklung, angemessene Vergütung und eine erhöhte Übernahme von Verantwortung mit abwechslungsreichen Tätigkeiten eine zunehmende Bedeutung. (vgl. Lohmann und Preusker, 2011). Die Erfüllung dieser Faktoren, setzt eine erhebliche methodische, soziale, kommunikative und persönliche Kompetenz der Führungskräfte voraus. Daher ist es enorm wichtig in der Führungsebene qualifiziertes Personal zu beschäftigen, welches sich regelmäßig gezielt Fort- und Weiterbildet. (vgl. Happach 2008).

Nur ein attraktiver Arbeitsplatz, der den Erwartungen der Mitarbeiter entspricht, kann gute und qualifizierte Mitarbeiter gewinnen und binden. (vgl. Blanck-Köster, 2013)

Konzepte welche sehr auf die o.g. Bedürfnisse der Mitarbeiter eingehen werden in Kapitel 6 (Magnetkrankenhäuser) und Kapitel 7 (Great Place to Work) vorgestellt.

5.3.2 Bindung des bestehenden Personals

Da es sich bei den Strategien „Imageverbesserung des Pflegeberufs", „Akademisierung des Pflegeberufs" und „Attraktivität des Unternehmens steigern" um Strategien handelt, welche für die langfristige Sicherung des Pflegebedarfs dienen, sollte dies für Führungskräfte gleichzeitig Anlass sein, sich mit besonderer Aufmerksamkeit um jene zu kümmern, die bereits oder besser, die noch in ihren Unternehmen tätig sind. (Blanck-Köster, 2013) Mit der Steigerung der Attraktivität des Unternehmens leistet man schon einen großen Beitrag zur Bindung des bestehenden Personals. Wenn der Arbeitgeber attraktiv ist und die Mitarbeiter zufrieden sind, gibt es wenige Gründe das Unternehmen zu verlassen.

6. Magnetkrankenhaus

Auch in den Vereinigten Staaten von Amerika gab es in den 1980er Jahren nach Einführung der DRG und der zunehmenden Ökonomisierung des Gesundheitssektors einen ähnlichen Zustand wie heute in Deutschland. Wir reden hier über Stellenabbau, Überlastung und Berufsflucht. Oftmals wurden Pflegekräfte allein mit einigen Hilfskräften eingesetzt und waren für die Versorgung von Patienten in hochakuten Situationen verantwortlich. Aufgrund der hohen Belegungsrate mit pflege- und überwachungsbedürftigen Patienten, einer Reduktion der Verweildauer sowie einer gleichzeitigen Personalreduktion im Pflegebereich konnte die tägliche pflegerische Versorgung nicht ausreichend gewährleistet werden. Die Quote der qualifizierten und erfahrenen Fachkräfte reduzierte sich weiter wurde und durch günstigere, gering qualifizierte Hilfskräfte „kompensiert". (vgl. Smerdka-Arhelger 2008;1080) Dennoch gab es in dieser Zeit wenige Krankenhäuser, bei denen kein Personalmangel, nur wenige unbesetzte Stellen und nur eine geringe Personalfluktuation festgestellt werden konnte. Ganz im Gegenteil, diese Krankenhäuser zogen die Pflegekräfte wie ein Magnet an und konnten diese ans langfristig an das Unternehmen binden. Um diesem Phänomen nachzugehen, finanzierte die im Jahr 1981 eine Studie, welche untersuchte warum diese genannten Kliniken nicht von der Misere des Personalnotstandes betroffen waren und wie sie es schaffen konnten, professionelle Pflegekräfte wie einen Magnet anzuziehen und zu halten. (McClure et al. 2002; 2 / Buchan 1999; 101/ Smerdka-Arhelger 2008;1080)

6.1 Definition „Magnetkrankenhaus"

Als allgemeine Definition der Magnetkrankenhäuser galt bis 2001, dass Magnetkrankenhäuser qualifizierte Pflegekräfte dauerhaft binden können, weil sie eine hohe Berufszufriedenheit und eine qualifizierte Patientenversorgung ermöglichen.

Nach zahlreichen Untersuchungen wurde diese Definition 2001 dahingehend geändert, dass Magnetkrankenhäuser sich dadurch auszeichnen, dass sie qualifizierte Pflegekräfte **mit einer hohen Berufszufriedenheit** dauerhaft binden können, weil in diesen Krankenhäusern eine qualifizierte Patientenversorgung ermöglicht wird (Smerdka-Arhelger 2008).

Laut Feuchtinger sind Magnetkrankenhäuser Einrichtungen, in denen Pflegende mit hoher Fachkompetenz exzellente Patientenergebnisse erzielen und die Pflegenden selbst eine große Zufriedenheit und eine geringe Fluktuationsrate aufweisen. Zudem weisen Magnetkrankenhäuser eine verhältnismäßig offene Kommunikation zwischen den Berufsgruppen und einen angemessenen Personalmix auf. Beide Punkte haben das Ziel, das bestmögliche Arbeitsumfeld für die Mitarbeiter und die besten Ergebnisse bei Patienten zu erreichen. (Feuchtinger 2010 / 2013)

6.2 Magnet Hospitals: Attraction and Retention of Professional Nurses

Unter dem Titel „Magnet Hospitals: Attraction and Retention of Professional Nurses" (Magnet-Krankenhäuser: Gewinnung und Bindung von professionellen Pflegefachkräften) wurde 1981 die erste Studie von der „American Academy of Nursing" (AAN) durchgeführt und 1983 veröffentlicht. Die erste Studie ist die umfangreichste und dient als Grundlage für den Vergleich mit den drei nachfolgenden Studien. An dieser ersten Studie nahmen 165 Krankenanstalten teil, welche die folgenden drei Kriterien erfüllen mussten.

1. Das Krankenhaus gilt als ein guter Ort zum Arbeiten für Pflegende.
2. Das Krankenhaus ist erfolgreich bei der Einstellung von neuem Personal und hat eine relativ geringe Fluktuationsrate von Pflegenden.
3. Das Krankenhaus liegt geografisch in einem wettbewerbsintensiven Gebiet und ist dort nicht der einzige Arbeitgeber für Pflegende. (McClure et al. 2002; 3)

Von den 165 ausgewählten Krankenhäusern, willigten 155 zur Teilnahme ein. Im Zentrum dieser ersten Studie standen die folgenden zwei Fragen:

1. „Welche Faktoren in der Krankenhausorganisation und im Pflegedienst lösen diesen „Magnetismus" aus?
2. Welche Kombination von Variablen braucht man für einen Pflegedienst im Krankenhaus, in dem die berufliche und persönliche Zufriedenheit des Pflegepersonals so hoch ist, dass die Mitarbeiter sich von diesem Krankenhaus angezogen fühlen und dort dauerhaft beschäftigt sein möchten?"

Das Resultat dieser Studie war, die Identifizierung von 14 Eigenschaften (**14 Kräfte des Magnetismus**), welche die „Magnetkrankenhäuser" von den anderen Einrichtungen unterschied.

Letztlich wurden 41 dieser Krankenhäuser dafür ausgezeichnet ein guter Arbeitsplatz für Pflegende zu sein und eine geringe Fluktuationsrate zu haben. Im Ergebnisbericht wird eindeutig darauf hingewiesen, dass diese Studie nicht die Absicht hatte, alle Magnetkrankenhäuser der USA zu identifizieren. Zweifelsfrei gibt es in den USA auch viele andere hervorragende Institutionen, bei dem Auswahlverfahren nicht berücksichtigt werden konnten. Anreiz der Forscher war es herauszufinden, welche organisatorischen Merkmale für den Erfolg der ausgewählten 41 Krankenhäuser verantwortlich sind. (vgl. Smerdka-Arhelger, 2008)

6.3 Die 14 Kräfte des Magnetismus

Folgende 14 Kräfte wurden für die Magnetkrankenhäuser identifiziert:

1. Qualität der Führung in der Pflege

Das Unternehmen zeichnet sich durch starke, sachkundige, risikobereite Führungspersonen aus, die eine transparente Pflege- und Führungsphilosophie verfolgen. Weiterhin setzt sich die Führungskraft nachhaltig für das Pflegepersonal ein.

2. *Flache Organisationsstruktur*

Eine flache Organisationstruktur ist überwiegend von dezentralen Entscheidungsprozessen geprägt. Die Pflege ist gleichberechtigt im obersten Führungsgremium vertreten. Gekennzeichnet ist das Unternehmen durch ein funktionierendes System der gemeinsamen Entscheidungsfindung.

3. *Managementstil*

Das Unternehmen ist von einer offenen Feedback-Kultur geprägt. Die Pflegekräfte, die sich in den Führungspositionen befinden, sind stets präsent und ansprechbar für Pflegekräfte. Sie ermutigen das außerdem dazu ihre Meinung zu äußern. Der ständige Informationsaustausch wird in diesen Organisationen großgeschrieben.

4. *Personalpolitik*

Das Unternehmen zahlt konkurrenzfähige Gehälter, eine sichere und gesunde Arbeitsumgebung sowie der Einbezug von Pflegekräften bei der Gestaltung personalpolitischer Richtlinien so wie der Strategieentwicklung ist gegeben. Weiterhin gibt es Weiterentwicklungsmöglichkeiten und Aufstiegschancen für das Personal.

5. *Professionelle Pflegemodelle und -verfahren*

Den Pflegenden wird eine hohe Verantwortung im Rahmen der Patientenversorgung übertragen. Diese Pflegemodelle setzen den Einsatz kompetenter Pflegekräfte sowie adäquater Ressourcen voraus, bieten aber Kontinuität in der Pflege und berücksichtigen individuelle Bedürfnisse der Patienten.

6. *Pflegequalität*

Pflegequalität ist ein sehr hoher Unternehmenswert. Die pflegerischen Führungskräfte übernehmen die Verantwortung dafür, eine Umgebung zu schaffen, in der qualitativ hochwertig gepflegt werden kann und sich positiv auf das Wohlbefinden des Patienten auswirkt. Die Pflegekräfte führen die Pflege in hoher Qualität aus.

7. *Kontinuierliche Qualitätsverbesserung*

Im Unternehmen gibt es bestehende Strukturen und Prozesse zur Qualitätsmessung und -verbesserung der Pflegeprozesse. Eine ständige Qualitätsverbesserung wird als erstrebenswert angesehen. Pflegekräfte sind an den Programmen zur Qualitätssteigerung beteiligt.

8. *Beratung und Ressourcen*

Die Unternehmen stellen adäquate Ressourcen und Unterstützung bereit und verfügen über die Möglichkeit, kompetente pflegerische Experten zu Rate zu ziehen. Die Organisationen unterstützen die Pflegenden zusätzlich bei der Teilnahme in Berufsorganisationen und fördert den Informationsaustausch in der Gemeinschaft.

9. *Autonomie*

Auf der Grundlage von professionellen Pflegestandards wird erwartet, dass Pflegende autonom mit Expertise und umfangreichem Fachwissen arbeiten.

10. *Gemeinde und Gesundheitsorganisation*

Magnetkrankenhäuser sind in der Gemeinde präsent und sind durch ein hohes Ansehen gekennzeichnet. Solch partnerschaftliche Beziehungen zwischen Gesundheitseinrichtung und Gemeinde können bessere Patientenergebnisse ermöglichen.

11. Pflegende als Lehrer

Professionelle Pflegekräfte sind in die Bildungsaktivitäten des Unternehmens involviert und werden bei der Erbringung von Lehrtätigkeiten gefördert. Das Anlernen soll mit jeder pflegerischen Arbeit verbunden werden.

12. Image der Pflege

Innerhalb der Gesundheitseirichtung wird die Arbeit der Pflegekräfte von anderen Berufsgruppen als wesentlich und essentiell eingestuft. Pflegende stellen einen großen und wesentlichen Bestandteil der Krankenhausorganisation sowie -leistung dar.

13. Interdisziplinäres Arbeiten

Die kollegiale Zusammenarbeit in den einzelnen Berufsgruppen und untereinander ist durch einen respektvollen und wertschätzenden Umgang mit gegenseitigem Respekt gekennzeichnet.

14. Berufliche Entwicklung

Für die Teilnahme an Programmen zur weiter stehen Schulungen jeglicher Art und Karrieremodelle zur Verfügung. Die persönliche und professionelle Weiterentwicklungen werden hoch geschätzt.

(vgl. Bechtel und Smerdka-Arhelger 2012; 72)

6.4 Magnetkrankenhäuser entwickeln sich weiter

Die 41 Magnetkrankenhäuser der ersten Generation entstanden aus einer 1983 in den USA durchgeführten Untersuchung von 163 Krankenhäusern.

Die Fragestellungen dieser ersten Untersuchung waren

1. „Welche Faktoren in der Krankenhausorganisation und im Pflegedienst lösen diesen „Magnetismus" aus?
2. Welche Kombination von Variablen braucht man für einen Pflegedienst im Krankenhaus, in dem die berufliche und persönliche Zufriedenheit des Pflegepersonals so hoch ist, dass die Mitarbeiter sich von diesem Krankenhaus angezogen fühlen und dort dauerhaft beschäftigt sein möchten?" (McClure; Poulin; Sovie; Wandelt, 2002)

Was in diesen 41 „Magnetkrankenhäusern" anders verläuft, wurde in den 14 „Kräften des Magnetismus" zusammengefasst.

Auf Empfehlung der American Nurses Association (ANA) wurde 1990 das American Nurses Credentialing Center (ANCC) gegründet. Von dieser neu gegründeten Organisation (ANCC) wurde das bisher genutzte (freiwillige) Zertifizierungsverfahren überarbeitet und wird als Manual für Nonprofit-Organisation angeboten. Dieses Manual dient zur Unterstützung bei der Zertifizierung und zur Erreichung des Magnetkrankenhausstatus.

Die Ziele des Programms wurden um folgende Punkte erweitert:

- Qualitätssteigerung in Umfeldern, die professionelles Arbeiten ermöglichen und fördern
- Definierung von Pflegerische Exzellenz für Patienten und Klienten
- Verbreitung von Best Practice in der pflegerischen Dienstleistung. (vgl. Smerdka-Arhelger, 2008)

Definition Best Practice:

Unter Best Practice versteht man in der Wirtschaft die effektivste und effizienteste, also bestmögliche Methode, zur Durchführung oder Umsetzung einer Aufgabe o. Ä. (vgl. Duden; Onpulson)

Erstmals kam das neue Verfahren 1994 zum Einsatz, es wurde das erste Krankenhaus nach dem neuen Verfahren zertifiziert. Seit dem spricht man von Magnetkrankenhäusern der 1. und 2. Generation.

1998 wurde das Zertifizierungsverfahren auf stationäre Pflegeeinrichtungen und 2000 für alle Gesundheitseinrichtungen ausgedehnt. Seit 2002 lautet der neue Name des Zertifizierungsverfahrens **„Magnet Recognition Program"**.

Im Jahr 2008 erschien das weiterentwickelte „Magnet Recognition Program" des ANCC. Aufgrund der Erfahrungen und Forschungsergebnisse der letzten Jahre wurden die 14 Kräfte des Magnetismus sind zu fünf Kräften zusammengefasst. Dadurch sind Redundanzen weitgehend eliminiert und die Trennschärfe der einzelnen Punkte ist deutlicher geworden (Abb. 10) (vgl. Smerdka-Arhelger, 2008)

6.5 Die neuen fünf Kräfte des Magnetismus

Basierend auf den Forschungsergebnissen der letzen Jahre und der Weiterentwicklung des „Magnet Recognition Program" wurden fünf neue Magnetkräfte („Sources of Magnetism") entwickelt. Diese müssen Kliniken erfüllen, wenn sie das Siegel des Magnetkrankenhauses erhalten wollen.

1. *Führung in Zeiten von Veränderungen:*

   Das Unternehmen wird von kompetenten, starken und risikofreudigen Personen geführt, die sich in besonderem Maße für Personal und Patienten einsetzen. Im Unternehmen wird durch Geschäfts- und Pflegeführung eine partizipierende Umgebung geschaffen. Alle Ebenen im Unternehmen werden dazu ermutigt regelmäßig ein Feedback zu geben.

2. *Förderliche strukturelle Rahmenbedingungen:*

   Das Unternehmen weist eine dynamische Organisationsstruktur aus, die eine starke Repräsentation der Pflege beinhaltet und flexibel auf Veränderung reagiert. Im Unternehmen gibt es ein funktionierendes und produktives System der „Partizipativen Entscheidungsfindung" zwischen Arzt und Patient (Shared Decision Making). Zudem werden berufliche Entwicklungsmöglichkeiten, eine konkurrenzfähig Entlohnung und Programme, die die professionelle Pflegepraxis, Work-Life-Balance und Pflegequalität unterstützen angeboten. Es wird Wert auf eine Kreative und flexible Stellenbesetzung gelegt, die eine gesunde und sichere Arbeitsumgebung fördert. Weitgehend werden alle Berufsgruppen untereinander respektiert und wertgeschätzt, alle Teams tragen wichtige Beiträge zur Erreichung des Ziels bei. Das Image der Pflege ist hoch.

3. *Beispielhafte professionelle Praxis:*

   Die Pflege ist eigenverantwortlich für ihre Praxis und die Koordination der Pflege. Kontinuität und Berücksichtigung der Patientenbedürfnisse wird durch Pflegemodelle ermöglicht. Qualität ist der systematische Antrieb für die Pflege und Organisation. Das Unternehmen stellt adäquate Ressourcen und Unterstützung zur Verfügung, um qualitativ hochwertige Pflege zu erbringen.

4. *Neues Wissen, Innovationen und Weiterentwicklung:*

   Beschäftigte des Unternehmens dienen alle als Lehrperson, unabhängig ihrer Position. Pflegende werden Bildungsaktivitäten innerhalb und außerhalb des Unternehmens involviert. Das Unternehmen schätzt und unterstützt das persönliche und professionelle Wachstum und die Entwicklung ihrer Mitarbeiter. Zudem werden diese durch ein Entwicklungsprogramm für Mitarbeiter und Auszubildende gefördert.

5. *Empirisch belegte Ergebnisse:*

Im Unternehmen gibt es Prozesse, zur Messung und Dokumentation von Qualität, um Pflegequalität und Dienstleistungen zu verbessern. Die Pflegenden werden bei der Bewertung der Ergebnisse und der Weiterentwicklung einbezogen. (vgl. Feuchtinger, 2013)

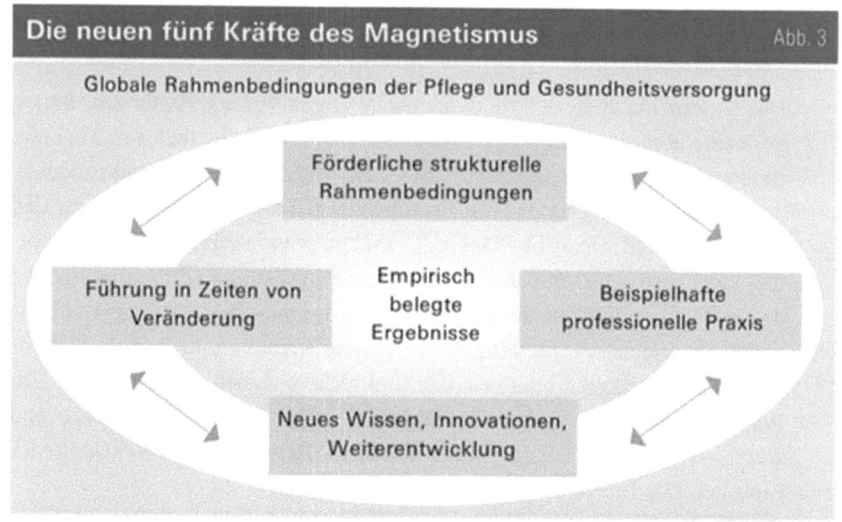

Abbildung 11: Die neuen fünf Kräfte des Magnetismus (Quelle: Smerdka-Arhelger, 2008)

6.6 Erfolg von Magnetkrankenhäusern ist eindeutig belegt

Zusammenfassend sagt Linda Aiken über ihre Forschungsarbeit; „Der wissenschaftliche Beleg für die bessere Ergebnisqualität der Magnetkrankenhäuser ist erdrückend. Magnetkrankenhäuser haben gezeigt, dass sie substanziell höhere Ergebnisse für die Patienten erreichen als Nicht-Magnetkrankenhäuser. Das Konzept der Magnetkrankenhäuser hat über zwei Dekaden als einzige Organisationsreform gezeigt, dass es möglich ist, hoch qualifizierte Pflegekräfte anzuwerben und zu halten. Magnetkrankenhäuser sind der lebende Beweis, dass das Schaffen eines professionellen Arbeitsumfeldes die Lösung ist, um die Flucht aus dem Pflegeberuf zu verhindern" (Aiken 2002). Somit sichern Magnetkrankenhäuser die Gesundheitsversorgung der Bevölkerung für die Herausforderung der demografischen Entwicklung im Gesundheitssektor.

Auch für Deutschland sind die Forschungsergebnisse von Linda Aiken von großem Nutzen. Es wäre ein schwerwiegendes Versäumnis, die Erfahrungen und Erkenntnisse aus den USA nicht zu berücksichtigen, da die USA Deutschland mit der Forschung und Akademisierung der Pflege ein großes Stück voraus sind. Deutschland kann also von den Forschungsergebnissen der USA profitieren und lernen. Die TU Berlin ist lokaler Forschungspartner für die internationalen Studien unter der Leitung von Linda Aiken. (vgl. Smerdka-Arhelger; 2008)

6.7 Magnetstatus in Deutschland ?

Auch in Deutschland wäre es wünschenswert Krankenhäuser nach diesem Konzept zu zertifizieren. Weltweit gibt es derzeit 406 Magnetkrankenhäuser, allerdings ist keines von denen in Europa. Zum einen hat das American Nurses Credentialing Center (ANCC) erst vor wenigen Jahren begonnen, das Konzept international aktiv zu vertreten, zum anderen sind die Anforderungen für den Magnetstatus sehr hoch und liegen deutlich über dem deutschen Standard. In Deutschland würden wir allein an der Hürde scheitern, dass 80 % der Pflegekräfte einen Bachelor-Abschluss haben müssen. Auch in Bereichen wie pflegesensitive Outcomes, Qualifikationen und Patienten/Mitarbeiterbefragungen sind die USA deutlich weiter als wir. Unvorstellbar ist es allerding nicht, dass dieses Konzept auch in Deutschland Fuß fassen könnte. Spätestens wenn es in naher Zukunft zu qualitätsabhängigen Zu- oder Abschlägen bei der Vergütung der Krankenhausleistungen kommt, wird sich dies rasch ändern. (vgl. Maucher 2015) Ähnliche Konzepte gibt es auch heute schon in Deutschland, wie zum Beispiel „Pathway to Excellence". Dies ist ein abgespecktes Programm, welches Krankenhäuser auf dem Weg zum Magnetstatus durchlaufen können. Alternativ gibt es das Programm „Great Place to Work", welches in Deutschland auch im Gesundheitswesen schon stark vertreten ist.

7. Great Place to Work

Great Place to Work ist ein Forschungs- und Beratungsinstitut, welches international tätig ist und Unternehmen in 50 Ländern weltweit bei der Entwicklung einer attraktiven Arbeitsplatz-, Vertrauens- und Unternehmenskultur unterstützt. Durch dieses Konzept wird in den Unternehmen die Mitarbeiterzufriedenheit enorm gesteigert. In Deutschland ist Great Place to Work seit 2002 tätig und beschäftigt am Standort Köln derzeit rund 70 Mitarbeiter.

Die Hauptaufgaben von Great Place to Work sind:

- Untersuchung der Qualität und Attraktivität von Arbeitgebern aus Sicht der Mitarbeiter
- Überprüfung von Maßnahmen, Prozessen und Konzepten die zur mitarbeiterorientierten Personal- und Führungsarbeit beitragen
- Beratung und Schulung zur Gestaltung einer Arbeitsplatzkultur, die hohen Wert auf Vertrauen, Stolz und Teamgeist legt. (Great Place to Work, Homepage)

7.1 Geschichte

Great Place to Work entstand 1981 in New York. Ein New Yorker Verlag bat Robert Levering und Milton Moskowitz (Wirtschaftsjournalisten) ein Buch über die 100 besten Arbeitgeber in Amerika zu schreiben. Der Titel des Buches sollte „The 100 Best Companies to Work for in America" (Veröffentlicht 1984) sein.

Man rechnete nicht damit, dass sich überhaupt 100 Unternehmen finden lassen, die sich für diesen Titel qualifizieren lassen würden.

Diese Herausforderung nahmen die beiden Wirtschaftsjournalisten trotzdem an und wie es heute zu erkennen ist, hatten sie Erfolg. Mittlerweile haben Sie knapp 30 Jahre Erfahrung in der Erforschung, Auszeichnung und dem Aufbau von vorbildlichen Arbeitsplatzkulturen.

Die Erkenntnis die Great Place to Work in dieser langen Zeit erlangte, besagt dass eine vorbildliche Arbeitsplatzkultur nicht durch Mitarbeitervergünstigungen oder besonderen Programmen und Verfahrensweisen geschaffen wird, sondern vielmehr durch positive Beziehungen am Arbeitsplatz. Vertrauen, Stolz und Teamgeist sind dabei die wichtigsten Schlüsselelemente. Auch in dem zweiten Buch ("A Great Place to Work: What makes some employers so good and most so bad"), welches 1988 erschien wurde erneut verdeutlicht, dass diese Beziehungen bei der Optimierung der Geschäftsergebnisse einer Organisation von entscheidender Bedeutung sind. Von entscheidender Bedeutung ist, dass aufgrund dieser bis dahin erlangten Erkenntnisse im Jahr 1991 das Institut „Great Place to Work" gegründet wurde.

Weltweit wurden die Instrumente dieses Unternehmens zur Analyse und Entwicklung ausgezeichneter Arbeitsplatzkulturen angewandt. Nach und nach begann die Zusammenarbeit mit weiteren Niederlassungen. Aktuell sind diese in 45 Ländern auf der Welt vertreten und ein weiteres Wachstum wird angestrebt. Um vorbildliche Arbeitsplatzkulturen zu schaffen und auszuzeichnen, arbeitet Great Place to Work Deutschland heute mit vielen der erfolgreichsten und innovativsten Unternehmen zusammen. Weltweit umfasst das Kundenportfolio von Great Place to Work mehr als 6.000 Unternehmen mit über 10 Millionen Mitarbeitern aller Branchen und Größen. (vgl. Great Place to Work, Homepage)

7.2 Was ist eine ausgezeichnete Arbeitsplatzkultur?

Die Grundlage der weltweiten Arbeit von Great Place to Work basiert auf einem empirisch fundierten und international bewährtem Modell einer attraktiven, mitarbeiterorientierten Arbeitsplatzkultur . Seit mehr als 25 Jahren findet dieses Modell Anwendung in Unternehmen und Non-Profit-Organisationen aller Branchen, Arbeitsfelder, Organisationsstrukturen und Mitarbeiterdemographien.

Es handelt sich dabei nicht um einen einheitlichen Standardweg, vielmehr müssen die Unternehmen mit den Ihnen verfügbaren Mitteln und passend zu deren Bedürfnissen einen Entwicklungsweg entlang der Great Place to Work Leitlinien finden und passieren.

Drei Grundsätze, die zu einer ausgezeichneten Arbeitsplatzkultur gehören, sind Vertrauen, Stolz und Freude. (siehe Abb. 12)

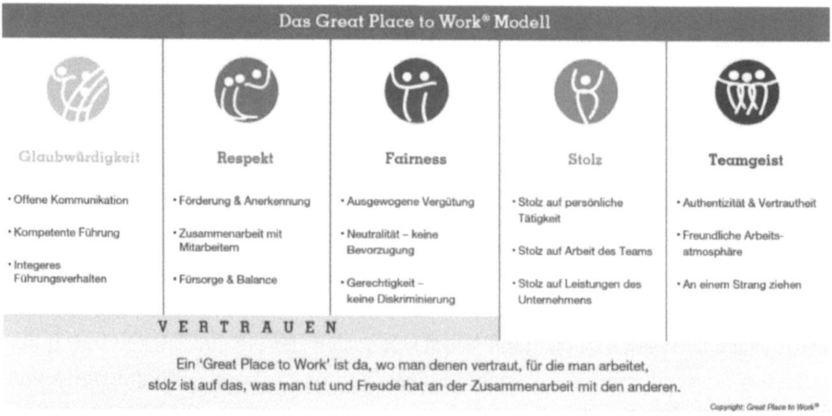

Das Great Place to Work® Modell

Glaubwürdigkeit	Respekt	Fairness	Stolz	Teamgeist
• Offene Kommunikation	• Förderung & Anerkennung	• Ausgewogene Vergütung	• Stolz auf persönliche Tätigkeit	• Authentizität & Vertrautheit
• Kompetente Führung	• Zusammenarbeit mit Mitarbeitern	• Neutralität – keine Bevorzugung	• Stolz auf Arbeit des Teams	• Freundliche Arbeitsatmosphäre
• Integeres Führungsverhalten	• Fürsorge & Balance	• Gerechtigkeit – keine Diskriminierung	• Stolz auf Leistungen des Unternehmens	• An einem Strang ziehen

VERTRAUEN

Ein 'Great Place to Work' ist da, wo man denen vertraut, für die man arbeitet, stolz ist auf das, was man tut und Freude hat an der Zusammenarbeit mit den anderen.

Copyright: Great Place to Work®

Abbildung 12: Great Place to Work Modell (Quelle: http://www.greatplacetowork.de/storage/newsletter/GPTW_Modell.png)

Eine ausgezeichnete Arbeitsplatzkultur wird nicht durch die reine Auflistung von Maßnahmen und Leistungen geschaffen, sondern durch die alltäglichen Beziehungen zu den Beschäftigten im Unternehmen. Great Place to Work führt Arbeitgeberbewertungen sowie Rankings durch und zeichnet die besten Arbeitgeber aus. Zur Grundlage dieser Bewertung liegt ein Fragebogen von Great Places to Wok vor, welcher branchenspezifisch entwickelt wurde und von den **Mitarbeitern** ausgefüllt wird.

Wenn man als Arbeitnehmer in besonderem Maße

- **Vertrauen** zu den Menschen hat, für die man arbeitet
- **Stolz** auf die Leistung ist, die diese Menschen erbringen
- und **Freunde** an der Zusammenarbeit mit den Kollegen hat,

dann empfinden Arbeitnehmer ihr Unternehmen als attraktiven Arbeitgeber.

Das Kernelement einer ausgezeichneten Arbeitsplatzkultur ist das Vertrauen. Vertrauen wird im Unternehmen durch Glaubwürdigkeit des Managements, Respekt und Fairness gegenüber den Mitarbeitern geschaffen. Der Mitarbeiter sollte das Gefühl haben, durch offene Kommunikation am Geschehen teilhaben zu können. Zudem sollte der Mitarbeiter gerecht behandelt werden und Anerkennung bekommen.

Die zwei weiteren wichtigen Faktoren sind Stolz und Teamgeist. Der Mitarbeiter sollte stolz auf die eigene Leistung, die Arbeit seines Teams und die Gesamtleistung des Unternehmens sein können. So schafft man eine freundliche Arbeitsatmosphäre und motiviert die Mitarbeiter an einem Strang zu ziehen.

7.3 Welchen Nutzen haben Unternehmen durch eine ausgezeichnete Arbeitsplatzkultur?

Eine ausgezeichnete Arbeitsplatzkultur steht ganz eng im Zusammenhang mit dem Unternehmenserfolg. 2006 wurde eine Studie im Auftrag des Bundesministeriums für Arbeit und Soziales (BMAS) zum Thema „Unternehmenskultur, Arbeitsqualität und Mitarbeiterengagement in den Unternehmen in Deutschland" durchgeführt, welche repräsentiert, dass eine mitarbeiterorientierte Unternehmenskultur und das damit verbundene höhere Engagement der Mitarbeiter mehr als 30 Prozent der Unterschiede im wirtschaftlichen Erfolg von Unternehmen erklären können. (vgl. BMAS Forschungsbericht 18/05; vgl. Abb. 13)

Ein für diese Diplomarbeit aber **viel relevanterer Nutzen**, ist die Zufriedenheit der Mitarbeiter. In einer ausgezeichneten Arbeitsplatzkultur sind die Mitarbeiter mit 88% im Vergleich zu anderen deutschen Arbeitgebern mit nur 65 % deutlich zufriedener. (vgl. Abb. 14) Diese Zufriedenheit ist für die Imageverbesserung des Pflegeberufs und die Weiterempfehlung des Berufs (vgl. Kapitel 5.1 und Kapitel 3.2) ein entscheidender Punkt. Zudem kann man davon ausgehen, dass sich der Ruf des einzelnen Arbeitgebers mit einer ausgezeichneten Arbeitsplatzkultur gerade im Gesundheitswesen rasant verbreitet und dieser daher ähnlich wie Magnetkrankenhäuser (vgl. Kapitel 6) die bestehenden (zufriedenen) Mitarbeiter binden kann und externe potentielle Mitarbeiter „anzieht".

Abbildung 13: Zusammenhang von Unternehmenskultur und Unternehmenserfolg

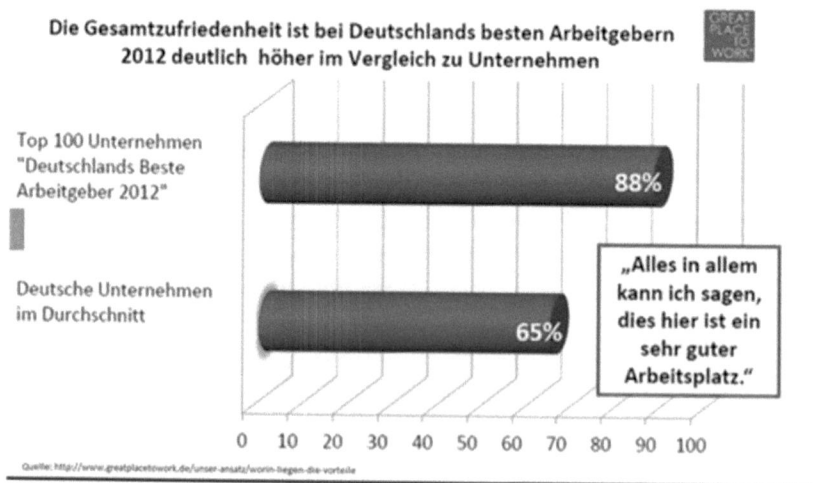

Abbildung 14: Gesamtzufriedenheit bei Deutschlands besten Arbeitgebern

8. Rückblick

Rückblickend kann man erkennen, dass es in Deutschland einen akuten Fach- und Führungskräftemangel gibt, welcher an einem kritischen Punkt steht. Wir stehen kurz vor einem Pflegenotstand. Durch die demografische Entwicklung (Bevölkerung wird immer älter und der Nachwuchs bleibt aus), dem damit einhergehenden Nachwuchskräftemangel und dem schlechten Image der Pflege ist es für die Unternehmen schwer, vakante Arbeitsstellen im Gesundheitswesen, hauptsächlich aber in der Pflege, zeitnah neu zu besetzen. Auch in der kommenden Zeit wird es nur schwer möglich sein, dieses Problem zu lösen, da geeignete Fachkräfte in dem Maße wie sie benötigt werden in Deutschland fehlen. Ohne neue, wirkungsvolle Bewältigungsstrategien wird Deutschland dem Personalnotstand nicht entkommen können und einen enormen pflegerischen Versorgungsengpass bekommen.

Die in Kapitel 4 genannten „bisherigen Bewältigungsstrategien" haben alle einen brauchbaren Ansatz und helfen auch bedingt bei der akuten Bewältigung des Fachkräftemangels im Gesundheitswesen. Allerdings kann man mit diesen Strategien nicht das Grundproblem lösen und den dauerhaften Personalengstand vermeiden. Das Grundproblem ist das Image der Pflege, die vermeintlich schlechten Arbeitsbedingungen, die geringe Attraktivität des Berufs und daraus resultierend die fehlenden Nachwuchskräfte (vgl. Kapitel 3.2)

Zu den fehlenden Nachwuchskräften kommt das Ausscheiden von Pflegekräften aus dem Berufsleben in den Ruhestand und die frühzeitige Berufsflucht einiger jüngerer Pflegefachkräfte aufgrund schlechter Arbeitsbedingungen. Dadurch sinkt der Bestand an qualifizierten Pflegefachkräften. Gekennzeichnet wird der Pflegenotstand durch genau eben genannte Faktoren; Abnahme der Pflegefachkräfte, fehlende Nachwuchskräfte und das schlechte Image der Pflege. Durch die demografische Entwicklung steigt der Bedarf an professioneller Pflege kontinuierlich an und die Zahl derer, die diesen Bedarf decken sollen, nimmt ebenso kontinuierlich weiter ab.

Mit den bisherigen Bewältigungsstrategien bekämpfen wir nur die akuten Symptome des Fachkräftemangels. Um dem Pflegenotstand aber entgegen zu wirken, müssen wir das Grundproblem erkennen und bekämpfen.

Die neuen Bewältigungsstrategien, die der Autor vorstellt, setzen genau bei den zuvor genannten Ursachen an. Dabei ist die Rede von der Imageverbesserung des Pflegeberufs, die Akademisierung der Pflege und die Bindung des bestehenden Personals. Die Imageverbesserung findet bei den bisherigen Bewältigungsstrategien keine Berücksichtigung. Ein gutes/ besseres Image des Pflegeberufs ist allerdings essentiell für eine erfolgreiche Nachwuchsrekrutierung. Ein positives Bild des Berufs weckt das Interesse potentieller Nachwuchskräfte, welche für den Erhalt des Gesundheitswesens unerlässlich sind. Auch die Akademisierung des Pflegeberufs dient zu Verbesserung der Attraktivität des Pflegeberufs, langfristig erhofft man sich eine Vielzahl von Abiturienten für diesen Beruf gewinnen zu können.

Da es sich bei den Strategien „Imageverbesserung des Pflegeberufs", „Akademisierung des Pflegeberufs" und „Attraktivität des Unternehmens steigern" um Strategien handelt, welche für die langfristige Sicherung des Pflegebedarfs dienen, ist es von enormer Bedeutung sich mit besonderer Aufmerksamkeit um jene zu kümmern, die bereits oder besser, die noch in ihren Unternehmen tätig sind. (vgl. Blanck-Köster, 2013) Mit der Steigerung der Attraktivität des Unternehmens leistet man schon einen großen Beitrag zur Bindung des bestehenden Personals. Wenn der Arbeitgeber attraktiv ist und die Mitarbeiter zufrieden sind, gibt es wenige Gründe das Unternehmen zu verlassen.

Es gilt die Attraktivität im eigenen Unternehmen derart zu verbessern, dass die Pflegekräfte aus umliegenden Kliniken einen Anreiz bekommen, dort die Arbeit einzustellen und den Arbeitsplatz zu wechseln (Employer Branding).

Zu den wichtigsten Merkmalen die für die Arbeitsplatzwahl und die Zufriedenheit im Krankenhaus entscheidend sind, gehören ein gutes Betriebsklima, Vereinbarkeit mit dem Privatleben (Work-Life-Balance) und eine angemessene Vergütung (inkl. Bezahlung oder Ausgleich von Überstunden). Außerdem sind Wertschätzung von Leistung, Lob und Anerkennung von Vorgesetzten und Verantwortungsübernahme sowie hohe Selbstständigkeit bei abwechslungsreicher Tätigkeit die wichtigsten Faktoren für zufriedene Mitarbeiter. (vgl. Buxel 2011). Da die meisten Arbeitgeber aber genau in diesen Bereichen die größten Schwächen haben, gilt es dort anzusetzen und Maßnahmen zu entwickeln.

Bei der Entwicklung neuer Bewältigungsstrategien ist der Autor auf zwei Modelle gestoßen, die genau dort ihren Ansatz haben und belegbare Erfolge zeigen. Kapitel 6: Magnetkrankenhäuser und Kapitel 7: Great Place to Work. Beide Modelle zielen darauf ab, die Arbeitsbedingungen in Unternehmen zu verbessern und so zufriedene Mitarbeiter dauerhaft in diesem Beruf halten zu können. Das Modell der Magnetkrankenhäuser stammt aus den USA und hat dort belegbare Erfolge gezeigt. In den 80er Jahren stand die USA an einem ähnlichen

Punkt wie Deutschland heute. Es gab eine erhöhte Berufsflucht und dadurch einen starken Fachkräftemangel im Gesundheitswesen. Einzelne Krankenhäuser waren aber nicht von diesem Problem betroffen, ganz im Gegenteil sie zogen Personal an (wie ein Magnet) und konnten dieses langfristig halten. Es wurde statistisch herausgearbeitet, welche Unterschiede diese Krankenhäuser im Vergleich zu den Anderen boten. Dabei wurden einige Faktoren festgestellt, die es ermöglichen qualifizierte Mitarbeiter mit einer hohen Berufszufriedenheit dauerhaft binden zu können und zugleich eine qualifizierte Patientenversorgung zu ermöglichen. (vgl. Kapitel 6) In den USA hat dieses Modell einen großen Erfolg, in Europa hat sich dieses Konzept jedoch noch nicht etablieren können, weil unter Anderem die Anforderungen für den deutschen Standard zu hoch sind. Ein weiteres Modell ist das „Great Place to Work", welches ähnlich wie das Modell der Magnetkrankenhäuser auf zufriedene Mitarbeiter zielt und dies durch Vertrauen, Stolz und Teamgeist erreichen will. Dieses Modell findet in Deutschland seit dem Jahr 2002/2003 erfolgreich Anwendung. Mitarbeiter in einem Unternehmen, dessen Arbeitsplatzkultur nach dem Great Place to Work Konzept ausgezeichnet ist, sind nachweislich zufriedener als Mitarbeiter aus anderen Unternehmen. Diese Zufriedenheit ist für die Imageverbesserung des Pflegeberufs und die Weiterempfehlung des Berufs (vgl. Kapitel 5.1 und Kapitel 3.2) ein entscheidender Punkt. Zudem kann man davon ausgehen, dass sich der Ruf des einzelnen Arbeitgebers mit einer ausgezeichneten Arbeitsplatzkultur gerade im Gesundheitswesen rasant verbreitet und dieser daher ähnlich wie Magnetkrankenhäuser (vgl. Kapitel 6) die bestehenden (zufriedenen) Mitarbeiter binden kann und externe potentielle Mitarbeiter „anzieht".

9. Ausblick

Mit den hier vorgestellten neuen Bewältigungsstrategien ist es möglich, das Image der Pflege zu verbessen, die Attraktivität somit zu steigern und daraus resultierend einen großen Schritt gegen den Nachwuchskräftemangel zu machen. Dadurch ist es uns möglich, den bestehenden Fach- und Führungskräftemangel zu bewältigen und unser Gesundheitswesen vor dem bevorstehenden Pflegenotstand zu bewahren. Unter diesen Bedingungen kann der Gesundheitssektor zu einem sehr attraktiven und interessanten Berufsfeld für Nachwuchskräfte werden und qualitativ auf Augenhöhe mit unseren Nachbarländern konkurrieren. Deutschland könnte als „fortschrittliches Industrieland" endlich auch ein zeitgemäßes und „fortschrittliches" Gesundheitswesen vorweisen.

Literaturverzeichnis

ANCC: A New Model for ANCC's Magnet Recognition Program www.nursecredentialing.org

ANCC: Magnet Recognition Program Recognizing Excellence in Nursing Service Health Care Organization Instructions and Application Process Manual, 2002

ANA: Analysis of American Nurses Staffing Survey, 2001

Arbeitsagentur (2006) Tätigkeitsbeschreibung Gesundheits- und Krankenpfleger http://berufenet.arbeitsagentur.de/berufe/docroot/r2/blobs/pdf/archiv/8791.pdf

Bahr, Daniel (2013); Bahr setzt auf ausländische Pflegekräfte. In: „Ärzteblatt" vom, 14. Juni 2013

Bechtel, P und Smerdka-Arhelger I. (2012) Pflege im Wandel gestalten - Eine Führungsaufgabe: Lösungsansätze, Strategien, Chancen. Springer; Auflage: 2012

Bertelsmann, G. (2002) Forschungsbericht: Interne Personalbeschaffungswege: in Bröckermann, R.; Pepels, W. (Hrsg.): Handbuch Recruitment. Berlin: Schäffer- Poeschl: 143-172

Bürgerliches Gesetzbuch (BGB) § 164 Wirkung der Erklärung des Vertreters

BMBF Bürgerdialog Demografischer Wandel (2014) ; 862 http://www.buergerdialog-bmbf.de/demografischer-wandel/862.php

Böcker, Manfred (2005) Aufgemotzte Stellenanzeigen: Dänen lügen nicht Spiegel Online. http://www.spiegel.de/unispiegel/jobundberuf/aufgemotzte-stellenanzeigen-daenen-luegen-nicht-a-373452.html (Zugriff 14.05.2015)

Boucsein, Markus (2012) Fachkräftemangel. Professionalisierung und Pflegenotstand im Widerspruch. Die Schwester Der Pfleger 07/2012

Bräutigam, Christian (2010) FORSCHUNG AKTUELL 10 / 2010. Das letzte Mittel? Leiharbeit in der Pflege

Buchan, J 1999, „Still attractive after all these years? Magnet hospitals in a chang-ing health care environment", Journal of Advanced Nursing, vol.30, no.1, pp.100-108

Buck, H. und Schletz, A. (2002). Sensibilisierungs- und Beratungskonzepte für eine alternsgerechte Arbeits- und Personalpolitik. Ergebnisse aus dem Transferprojekt. Hrsg.: Projektverbund Öffentlichkeits- und Marketingstrategie demographischer Wandel

Bundesgerichtshof (BGH) Urteile vom 4.3.2004 – I ZR 221/01, AuA 9/04, S. 54; vom 9.2.2006 – I ZR 73/02 und vom 22.11.2007 – I ZR 183/04).

Buxel, Holger (2011) Studienbericht. Jobwahlverhalten, Motivation und Arbeitsplatzzufriedenheit von Pflegepersonal und Auszubildenden in Pflegeberufen. Ergebnisse dreier empirischer Untersuchungen und Implikationen für das Personalmanagement und -marketing von Krankenhäusern und Altenpflegeeinrichtungen. Fachhochschule Münster

Collatz A. und Gaudat K. (2011): Work-Life-Balance S. 1-5 Reihe: Praxis der Personalpsychologie – Band 25

Darmann-Finck, Ingrid (2012) : Wirkung einer akademischen Erstausbildung von professionell Pflegenden im Spiegel internationaler Studien. Pflege & Gesell- schaft. 17. Jg., H. 3

DBfK. Deutscher Berufsverband für Pflegeberufe (2009) Wie sieht es im Pflegealltag wirklich aus? - Fakten zum Pflegekollaps. Ausgewählte Ergebnisse der DBfK-Meinungsumfrage 2008/09

Deutsches Institut für angewandte Pflegeforschung ev. (dip) (2002): Pflege-Thermometer 2002. Frühjahrsbefragung zur Lage und Entwicklung des Pflegepersonalwesens in Deutschland

Deutsche Krankenhausgesellschaft (DKG) (1957): Maßnehmen zur Entlastung der Krankenschwestern und Krankenpfleger . Empfehlung der Deutschen Krankenhausgesellschaft vom 21.05.1957 in Das Krankenhaus Nr. 49 S. 269- 277

Duden, Bibliographisches Institut GmbH; Headhunting http://www.duden.de/rechtschreibung/Headhunting (Zugriff am 19.06.2015)

Duden, Bibliographisches Institut GmbH; Best Practice http://www.duden.de/rechtschreibung/Best_Practice (Zugriff am 28.05.2015)

Feuchtinger, Johanna (2010); Das "Magnetkrankenhaus" – eine Perspektive für die Pflege?; Präsentation am 17. Düsseldorfer Symposium für Pflegende, 19.03.2010

Feuchtinger, Johanna (2013) Magnetkrankenhäuser, Jeder hat eine Stimme. Die Schwester Der Pfleger 03/2013

Feuchtinger, Johanna (2014) Es geht nicht ums Siegel, sondern um die Inhalte. Pflegemanagement 04/2014

Fehst, P. / Siery, D. (2015) Wissensmanagement: Erarbeitung eines theoretischen Konzepts zur Überwindung von Lernschwellen am Beispiel moderner Pflegedokumentation

Fick, Christian (2012) Mehr Zeit dank fester Arbeitszeiten .Entlastung in der Pfle- ge durch Springerpool. In: „Die Schwester Der Pfleger" 02/2012

Friedrich, Andrea Prof. Dr. (2013); „Magement von Personal 4". Studienbrief der Hamburger Fern-Hochschule Pflegemanagement B.A.

Gabler Wirtschaftslexikon. Das Wissen der Experten. Springer Gabler. Springer Fachmedien Wiesbaden GmbH. Definition Leiharbeitsverhältnis http://wirtschaftslexikon.gabler.de/Definition/leiharbeitsverhaeltnis.html#d efinition (Zugriff 17.05.2015)

Gabler Wirtschaftslexikon. Das Wissen der Experten. Springer Gabler. Springer Fachmedien Wiesbaden GmbH.Definition Arbeitnehmerüberlassung http://wirtschaftslexikon.gabler.de/Definition/arbeitnehmerueberlassung.ht ml#defi nition (Zugriff 17.05.2015)

Gasche Martin, Krolage Carla (2011): Gleitender Übergang in die Rente durch Flexibilisierung der Teilrente http://mea.mpisoc.mpg.de/uploads/user_mea_discussionpapers/1169_243-11%20komplett.pdf

Görres, Stefan Prof. Dr. (2012): Pflegeausbildung - „Wir brauchen eine Vollakademisierung". Die Schwester Der Pfleger 10/2012; 1022-1025).

Great Place to Work Homepage: http://www.greatplacetowork.de/ (Zugriff am 24.05.2015)

Gründerszene Lexikon Vertical Media GmbH. Definition Recruiting http://www.gruenderszene.de/lexikon/begriffe/recruiting (Zugriff 13.05.2015)

Happach, Roswitha (2008); Kompetenzentwicklung von Führungskräften des Pflegedienstes - konzeptionelle Grundlagen und Gestaltungsempfehlungen. In: Fachzeitschrift „intensiv" 04/2008

Hasselhorn, Hans-Martin (2008): NEXT-Studie: Image der Pflege in Deutschland. Die Schwester, Der Pfleger 05/2008

Herwig-Lempp, Prof. Dr., Diplom-Soz.päd. Johannes (2014): FORUM Sozial 03/2014, Die Überlastungsanzeige S.29-33

Horsch J. (2008): Personalmanagement. Studienbrief 2.02: Prozessfunktionen im Personalmanagement : Personalbeschaffung und Personalauswahl. Studienbrief der Hamburger Fern-Hochschule

Hölzle, C. (2006): Personalmanagement in Einrichtungen der sozialen Arbeit, Grundlagen und Instrumente. Weinheim und München: Juventa

Jacobs, P. (2012): Misere der Pflege – 60 Jahre Pflegenotstand: Ein Blick zurück im Zorn. Die Schwester Der Pfleger 12/07

Krankenhaus-Barometer (2011): Deutsches Krankenhausinstitut e.V

Kuntze, Matthias: Rechtliche Rahmenbedingungen in der Pflege. Fachschule für Organisation und Führung (FOF) http://matthias-kuntze- bildungsangebote.de/veroeffentlichungen/SKRIPT_aktuelle_Matthias_ro.pdf (Zugriff am 02.07.2015)

Lerche, W.; Krautscheid, C; Olejik, A.; Selg, E.-M. (2001) Personalentwicklung in Sozialorganisationen. Eine Arbeitshilfe für die Praxis. 2. Erweiterte Auflage. Augsburg

Lexikon, Headhunting (2015); Personal- und Unternehmensberatung Tobias Kafurke http://www.unternehmerinfo.de/Lexikon/H/Headhunting.htm (Zugriff 15.06.2015)

Loffing, Prof. Dr. Christian (2012); Personalgewinnung. Nach außen zeigen, was Sie innen bieten. In: „Die Schwester Der Pfleger" 08/2012

Lohmann, Heinz und Preusker, Uwe K. (2011); Mitarbeiter händeringend gesucht. Personalkonzepte sichern Überleben. Herausgeber: medhochzwei Verlag GmbH

Lücke, Stephan (2013); Pflegestudiengänge, Wo steht die Akademisierung? In : „Die Schwester Der Pfleger" 03/2013

Lücke, Stephan (2015); Kämpfende Pioniere. In: „Die Schwester Der Pfleger" 08/2015

Maase, Angelika (2015); Traineeprogramm für Bachelor of Science Pflege. Von der Hochschule ans Patientenbett. In: „Die Schwester Der Pfleger" 08/2015

Maucher, Helene (2015) Magnetkrankenhäuser „Wir wollen für das Konzept begeistern" Interview in „Die Schwester Der Pfleger" 03/2015

McClure, ML, Poulin, MA, Sovie, MD & Wandelt, MA (2002): „Magnet Hospitals: At-traction and Retention of Professional Nurses (The Original Study)", in ML McClure & AS Hinshaw eds), Magnet Hospitals Revisited: Attraction and Retention of Professional Nurses, American Nurses Publishing, Washington, pp.1-24

Michalk und Nieder (2007) Erfolgsfaktor Work-Life-Balance, Wiley-VCH Verlag GmbH & Co. KGaA; Auflage: 1. Auflage

Moser K. (2007): Wirtschaftspsychologie, Springer-Verlag

Müller-Wolff, T. (2008); Personalbindung in den USA: Blick über den großen Teich; Die Schwester Der Pfleger 12/2008

Onpulson Lexikon http://www.onpulson.de/lexikon/best-practice/ (Zugriff am 28.05.2015)

Osthoff, Dr. Ingeborg (2013); Management von Personal 2. Studienbrief der Hamburger Fern- Hochschule 01-0818-002-1

Rohlwink, Charlotte (2014); Pflegestudium: Mehr als „Master of Bettpfanne"? Fachartikel vom 24.04.2014 auf http://news.doccheck.com/de/45765/pflegestudium-mehr-als-master-of-bettpfanne/

Roßnagel, Stamov (2008) Mythos: „„alter" Mitarbeiter Lernkompetenz jenseits der 40?! Beltz PVU (ISBN 9783621276528)

Schmid, Erik/ Fink, Martin (2012); Grenzen bei der Abwerbung von Mitarbeitern: Headhunting von Fachkräften; in Arbeit und Arbeitsrecht 09/2012

Schmiedbauer, Wolfgang (1992) Pflegenotstand, das Ende der Menschlichkeit Verlag: Rowohlt

Schmitz, Marie-Luise (2008); Hospitation: Zu Besuch in einem Magnetkrankenhaus, Die Schwester Der Pfleger 12/2008

Simon, M. (2011): Gesundheitspolitische und ökonomische Rahmenbedingungen der Pflege. In: Schaeffer, D.; Wingenfeld, K.; Handbuch Pflegewissenschaft. München: Juventa

Simon, M. (2012) Soziale Dienstleistungen und Fachkräftemangel:
Das Beispiel der Pflege Vortrag auf der Jahrestagung der Gesellschaft für Sozialen Fortschritt e.V. Loccum, 19. September 2012 Hochschule Hannover

Smerdka-Arhelger I. (2008) Magnetkrankenhäuser in den USA: Magnet für motivierte Pflegekräfte. Die Schwester der Pfleger 12/2008

Statistische Ämter des Bundes und der Länder (2011) Demografischer Wandel Heft 1; Bevölkerungs- und Haushaltsentwicklung im Bund und in den Ländern https://www.destatis.de/DE/Publikationen/Thematisch/Bevoelkerung/Vorausberec hnungBevoelkerung/BevoelkerungsHaushaltsentwicklung587 1101119004.pdf?blob=publicationFile

Stotz, Waldemar (2013): Branding: Mit Strategie zum bevorzugten Arbeitgeber

Teigeler, Brigitte (2014): Personalbindung „Wir müssen Vergütung neu überdenken" In: „Die Schwester, Der Pfleger" 05/2014

Universität Bremen (2010): Institut für Public Health und Pflegeforschung:

„Imagekampagne für Pflegeberufe auf der Grundlage empirisch gesicherter Daten" - Einstellungen von Schüler/innen zur möglichen Ergreifung eines Pflegeberufes - Ergebnisbericht – Zeitraum: Juli 2009 – Dezember 2009. Online in Internet: „URL: https://www.pflege-ndz.de/tl_files/pdf/Image_Abschlussbericht- Endfassung.pdf (Stand 12.03.2015)

UWG; Gesetz gegen den unlauteren Wettbewerb § 3 und § 4
http://dejure.org/gesetze/UWG (Zugriff 23.05.15)

Verdi Bildung und Beratung; Überlastungsanzeige (Zugriff 28.05.2015)
https://www.verdi-bub.de/service/praxistipps/archiv/ueberlastungsanzeige/

von Reibnitz, Christine (2009); Case Management: praktisch und effizient. Springer Verlag, Auflage 2009

Wagner, Franz (2014); Anziehende Kliniken, GesundheitsWirtschaft 03/2014

Weber, Martina (2011): 50 Fragen zur sogenannten Überlastungsanzeige in Pflegeeinrichtungen, Hannover (Schlütersche Verlagsanstalt)